学生学习评价的理论发展与模型应用——基于投入与产出的视角

邹 敏 编著

科学出版社
北 京

内 容 简 介

本书从新型的投入与产出视角来梳理“学生学习评价”的新理论、新技术，具体脉络为：解析单一评价的弊端—引出新的评价理念—设计多维度的评价体系—建构多元化的评价模型—演示新型评价模型的实践应用，本书共由四部分构成，结构清晰明朗，内容一脉相承，每一部分之前都运用“写在篇前的话”进行内容导入，风格独特。

本书以学生的发展为导向，以“学习评价”为指挥棒，内容面向学校管理层、教育与教学人员、教育学与心理学专业学生、学生研究工作者等群体。

图书在版编目（CIP）数据

学生学习评价的理论发展与模型应用：基于投入与产出的视角 / 邹敏编著. —北京：科学出版社，2015.7

ISBN 978-7-03-045283-2

Ⅰ. ①学…　Ⅱ. ①邹…　Ⅲ. ①教育评估　Ⅳ. ①G40-058.1

中国版本图书馆 CIP 数据核字（2015）第 176466 号

责任编辑：胡治国　杨鹏远 / 责任校对：胡小洁

责任印制：赵　博 / 封面设计：范璧合

科学出版社出版

北京东黄城根北街 16 号

邮政编码：100717

http://www.sciencep.com

北京科印技术咨询服务有限公司数码印刷分部印刷

科学出版社发行　各地新华书店经销

*

2015 年 7 月第　一　版　　开本：B5（720×1000）

2024 年 7 月第五次印刷　　印张：7 1/2

字数：144 000

定价：59.80 元

（如有印装质量问题，我社负责调换）

前　言

新一轮的基础教育课程改革指出：以前的评价过于强调甄别与选拔的功能，现在应更强调其促进学生多方面发展的功能。随着新型评价理念的提出与多元评价技术的发展，新的研究成果层出不穷，无论是在理论发展方面还是在实践应用方面都呈现出了新的趋势。应新课程改革提出的全面性、过程性、多元性与发展性要求，学生的学习评价逐渐转入一种新的模式。

《学生学习评价的理论发展与模型应用——基于投入与产出的视角》一书深刻解析了新课程改革对学习评价所提出的要求，在梳理学习评价理论发展新取向的基础上，建构了基于不同评价目的的结果合成模型，这些模型融合了运筹学、教育学、心理学、数学等多个学科领域的思想，有针对性地对学生多方面的学习效果进行评价，而且，这些评价模型与方法注重实践的操作性，在评价过程中是可行的。

本书采用一个独特的视角对学生的学习开展评价，围绕学习评价的热点、难点问题在很多方面具有自己独特的见解，在内容上注重新的理论发展取向与科研成果的展示，强调理论与实践的结合，有助于适应新课改与素质教育的发展需要，为带动学生真正意义上的愿学、好学、乐学提供了方向。

邹　敏
潍坊医学院

目录

写在篇前的话

“评价”意即评定价值。1971 年，美国学者格朗兰德(Gronlund，N. E.)运用公式对评价活动的本质进行了简洁而明确的表述，他认为，评价=测量(量的描述)或非测量(质的描述)+价值判断。对事物的客观描述(量的描述与质的描述)即为“事实判断”，而在事实描述的基础上，根据某种价值观对事物进行的评判即为“价值判断”，由此可见，评价是客观性与主观性的统一，价值观不同，对同一事物的评价结果就会不同。

学习评价是对学生学习进展与行为变化的评价。人们对学习评价的理解，必然同对学习评价的基本目的与功能的理解联系在一起。当然，仁者见仁，智者见智，关于学习评价的本质与目的的观点并非已取得学术界的一致认同。早在 20 世纪 40 年代初，美国学者泰勒(Tyler，R.)就提出了以目标为核心的评价理念，他认为，评价就是以目标为依据，评量学生的学习结果达到目标的程度。这一目标评价模式长期以来占据着主导地位，但是，由于目标与结果紧密相关，因此，人们更多地把泰勒的评价看成是对结果的总结性评价。20 世纪 60 年代，美国学者克龙巴赫(Cronbach，L. J.)突破了目标评价模式，强调评价的信息价值，他认为，评价是为决策提供信息的过程，用于改进的形成性评价远比总结性评价重要得多。总而言之，泰勒的目标评价模式注重结果的评判，而克龙巴赫旗帜鲜明地拒绝将评价作为一种判断的过程，这一争论的焦点就在于：评价是否属于一种价值判断过程？不管如何争论，评价学者们大多认同，强调形成性评价的价值不应导致对总结性评价的贬损。总结性评价有其特殊的功能，它在学习评价中的地位是毋庸置疑的。

不管人们承认与否，评价的目标制定与功能认识始终对教师的教与学生的学起着决定性的指导作用，科学合理的评价机制会将教与学导入良性循环的轨道，反之，则会使教与学陷入恶性循环；同理，教与学的严重失当或过度偏颇在很大程度上恰恰折射出了评价导向的问题，这难免会让人们对评价机制的科学性与合理性提出质疑。事实上，迄今为止，世界各地在教育范围内进行的评价，最多的还是总结性评价。在我国，学生在学习与发展过程中出现的问题越来越突出，如重压、厌学、近视、睡眠不足等，而针对这些问题所制定的减负策略却走进了一个教育怪圈：减负了，学习质量就下降了，要提高学习质量，就必得加负。究其根源，日益突出的学生问题与陷入怪圈的减负政策恰恰折射出了当前评价机制的不足，由于总结性评价是外部导向的，所以，对于上述问题的解析有助于引导人们重新审视评价体系、积极调整评价方向。

第一篇　现实折射出的学习评价导向

一、学生学习与发展的突出问题

我国学生的学习负担过重已成为一个不争的事实，由此引发的身心发展问题更是广受关注。许多学者曾对我国学生的学业负担与身心发展进行过调查，结果一致认为，我国学生在学习过程中背负着严重失衡的课业负担与心理负担，而正是这些负重让学生的身心发展陷入了无尽的恶性循环，成为我国教育尤其是基础教育的一大顽症。

严重失衡的学习负担并非单纯指代学生过重的负担，从辩证的视角来看，有重必有轻，有得必有失，某些方面的学习负担过重，那么势必会造成另外一些方面的负担较轻。学生学习的时间与精力总是有限度的，分配给某些任务的资源越多，那么分配给另外一些任务的资源势必就会减少。总而言之，“过重”与“太轻”的学习负担总是相辅相成、相互依存的。

(一)过长的学习时间与过低的认知要求

学生的课业负担是学生学习过程中的一种显性负担，它可以通过一系列的客观指标来加以衡量。学习时间是一项客观、简单、可行的测量指标，在我国，不论是学生家长，还是学校教师，甚至于学生自身都分外关注学习时间的投入。就我国青少年而言，与其他国家相比，其学习负担过重的一大表现就在于学习时间过长，这一点可以从我国学生的学习时长与家庭作业量中窥见一斑。与之相对的是，我国学生在学习过程中忙于应付频繁的机械训练、单调的家庭作业、严谨的问题引导、浅层的目标达成等较低的认知要求，而这些教与学的策略对于发展学生高层次的认知不但无益，甚至实属牵绊。换个角度来看，若以学习时间与认知负荷的乘积作为学习的效果，那么过长的学习时间与过低的认知要求二者的乘积远不如高认知投入与短学习时间二者的乘积来得更有效率、更具深度。

1. 学习时间过长

我国学生在校学习的天数与周课时数过多，平均每天的课时数比发达国家要多出两个课时，面临升学的毕业班学生更甚；家庭作业量过大，所用的时间严重超过国家的规定。

学习天数是学生在校学习的天数，周课时数是学生每周在校学习的课时数，二者都是衡量学生学习时间投入的重要指标。由于各国在学制、学期以及节假日制度上都有所不同，因而各国学生在校学习的天数也有较大的差异。从世界各国政府规定的教学天数来看，我国在国际上处于中上等水平，远远超过国家规定的教学天数，尤其是中学生，他们实际在校学习的天数过多，有些学校毕业班的学生一年在校学习的时间甚至超过了300天。虽然世界各国制定的周课时数并不相同，但是法、德、日等大多数国家的中学每周课时数均不超过30，平均每节课的时间为45～50分钟。我国实行新工时制后，虽然初中生的周课时数调整为33，高中生的周课时数调整为 34，但相较之下，我国学生的周课时数仍居多①。不仅如此，学校还经常出现教师拖堂、占用学生的课余时间、节假日补课等现象，这无疑增加了学生的学习时间投入，但是，在可用时间固定的前提下，这一做法相应地大大减少了学生的休息时间与可自由支配的时间。

家庭作业的“量”作为学生课业负担的另一大指标，可以用完成作业所需用的时间加以量化。从国际上来看，大多数国家都在限制家庭作业的“量”，例如，对于青少年而言，很多国家要求教师将学生完成家庭作业的平均时间控制在一个半到两个小时。我国规定初中生的家庭作业不超过一个半小时，高中生不超过两个小时，但实际上，我国教师布置的作业远远超过政府的规定，中小学生的家庭作业严重过量，甚至有些小学生自杀仅仅是因为“作业太多”或是为了“不用再写作业了”。

2. 认知要求过低

学生接受的机械性训练过于频繁。在我国的现实教学中还不同程度地存在着简单机械的重复性训练，这种强化训练的目标要求仅仅局限于知识的机械识记，简单重复的任务从来不会激起学生足够的兴趣，很多任务之所以会引发兴趣恰恰是因为它具有挑战性与新奇性。超限效应表明，因学习内容的过多重复而引起的饱和势必会让学生产生逆反的心理与行为。若简单机械的任务频度超过了学生可接受的限度，不仅达不到教育的初衷，而且会适得其反。

教师布置的家庭作业过于单调。在我国的基础教育中，家庭作业的重负不仅表现为“量多”，而且表现为“质朴”。家庭作业的“质”指的是学生作业任务的形式与难度，我国青少年的家庭作业基本上采用书面的且比较单一的形式，大多是巩固性的机械作业，较少考虑知识的实践应用与学生的兴趣②。

课堂呈现的问题引导过于固化。评价一堂优质课的标准是什么？在我国，学生聆听时安静、回答时踊跃，教师讲述时精炼流畅，分析时清晰条理，提问时张弛有度，教学内容严丝合缝、滴水不漏、丝丝相扣、步步为营，课堂时间拿捏精准，上课铃声响起时灵活导入课堂内容，下课铃声响起时完美结束本节教学，如

①扈中平.对我国中小学生学习负担的辩证分析[J].课程·教材·教法，2002，(6)：13-15.
杨秀治，刘宝存.中小学生学习负担的国际比较[J].上海教育科研，2002，(4)：58-61.

②郭华，刘晓敏，赵介平.国内四省区普通中小学作业情况调查研究[J].教育学报，2006，2(6)：29-39.

此这般即被誉为中国教师“精彩”的优质课。欧美教育者却不以为然，他们质疑：“既然教师提出的问题学生都能答上来，那么为什么还要上这堂课？”为增强课堂教学的多样性，我国很多教师尝试采用问答的形式提高师生互动的比例，在这一过程中，教师预先设定的问题已备有预先设定的答案，提问的目的只在于引导学生朝向预定的方向思考，教师的“教导”取代了学生的“主导”，这种以教代学的“牵引”是为了不给学生留下任何质疑，而这恰恰是中外教育最大的区别。齐加尼克效应表明，当学生处于困惑的情境中时，被激发的学习动机才会更强烈，如果问题不再，那么便毫无兴趣可言。从以教代学这一角度来看，我国学生的学习负担恰恰是比较轻的。

目标期望的认知类型过于低级。20世纪50年代，美国学者布卢姆(B.S.Bloom)提出了教育目标的分类体系，他把认知目标分为知识、理解、应用、分析、综合、评价，这六类目标由简单到复杂、由低级到高级依次排列，知识是最低层次，主要指记忆知识，是最基本的要求，评价是认知的最高层次。在我国，学生学习的主要目标在于接受、理解现成的知识；而在西方，学生的判断、选择、质疑、探索、研究、发现等学习走向更受鼓励与推崇。从学习目标的深度来看，我国学生的学习负担较西方学生负重为轻。

(二)过高的学习紧张度与过低的学习积极性

学生的学习负担不仅表现在客观的课业负担上，更存在于主观的心理负担上。学习的心理负担是指学生对学习产生的消极的主观体验，它是一种隐性负担，也是学生最重的学习负担，其最主要的表现就是厌学。如果学生对学习具有浓厚的兴趣且可以积极地参与到学习活动当中，那么他们体验的心理负担就相对较轻；反之，如果缺乏对学习的兴趣且只进行消极被动的应试学习，那么即便是较轻的学习任务，也会因此而产生较重的负性体验。不幸的是，我国学生的学习状态恰恰困顿于此，学生的学习紧张度过高而积极性却较差。

随着年龄的增长，学生积极的学习体验，如愉悦感等严重下降，而且逐渐呈现出消极化的负性倾向，产生焦虑感、厌倦感等①。我国学生学习紧张的程度较高，对学习有厌烦情绪的学生也占有相当大的比例。学生不但在课堂上要听新课、记笔记、答问题、追思维，而且课后还要写作业、预复习等，天天反复，年年如此，这种连轴转的学习模式不可避免地会造成用脑过度、心理负重、能量减低、精神疲劳，久而久之，则会产生神经衰弱、情绪压抑、焦虑紧张等不良的情绪体验。

我国学生的学习积极性较差，究其原因，一方面，长时间单一乏味的超限学习，加之布白艺术的缺失，逐渐让学生对学习产生了厌烦的情绪；另一方面，学习积极性与学生自身的脑力负荷密切相关，长时间的认知超载势必带来习得性无

①张丰.关于初中生学习体验与学习状态的调查[J].上海教育科研，2005，(2)：46-47.

助。以课程难度为例，课程难度在很大程度上依赖于学生的主观体验。由于学生自身的智力水平、人格特征、兴趣以及教师的教学质量等各方面均存在差异，因而对于同一课程内容，其难易程度也因人而异。有调查发现，我国数学基础课程的难度在国际上处于中等偏上水平①。在高强度的学习压力下，高难度的课程无疑会加重学生学习的心理负荷。如果学生具备良好的知识基础且学习内容在自身认知可以掌控的范围之内，那么学生体验的心理负担就相对较轻，反之，基础较差的学生即便是面对同一难度的任务，也可能会经常体验到较重的脑力负担，进而影响其学习的积极性。

(三)越来越高的分数与越来越差的体质

在我国，学生“金榜题名”乃是众望所归，这不仅是家族的荣耀，也是母校的骄傲。因此，不论是学生的学，还是教师的教，大多以升学考试为轴心，从而造成了学生学习负担的严重失衡。大型升学考试的套路基本已模式化，考试的重点就是教与学的指挥棒，考试考什么，教师就教什么，学生就学什么。既然学生的时间与精力有限，那么，他们不可避免地就会按照价值的重要性程度将自身资源进行合理的分配，从而确保获取更有价值的学习结果，学生资源的有限性必然会造成“有所为便有所不为”的局面。考试重基础知识，教师与学生便想尽办法深究出题套路与应对策略，题海战术让学生的考分越来越高；考试轻非认知测试，教师与学生便可以弃之如敝屣，厚此薄彼让学生的发展失去了均衡。

我国学生在过重学习负担的影响下，身体素质呈现不容乐观的趋势，其中，在视力与睡眠两个方面表现尤其明显。据调查，我国学生视力低下与学习阶段有着明显的关系，随着年级的升高，视力低下的人数越来越多，视力低下的程度也越来越重②。我国学生的学习时间较长且长期在室内灯光下学习，近视率已高达60%～70%，仅次于日本，位居世界第二位。因学习任务影响睡眠的中学生超过一半，学生的睡眠时间较短，睡眠质量较差，70%的学生睡眠不达标。就体质状况而言，学生的体质健康呈现日渐下滑的趋势，这种以健康换分数的学习模式亟待探本溯源、抽薪止沸。

综上所述，我国学生的学习负担过重，耗费较大，尤其是学习时间的投入远远超过了合理的程度，加重了学生的心理负担，降低了身体素质。更为重要的是，这种耗费较高的学习并没有产生理想的学习效果，我国学生的动手操作与实践应用能力表现较差，出现了“高耗低效”、“高分低能”的偏颇现象。探本溯源，我国重知识轻能力、重理论轻应用、重认知轻情意、重分数轻健康的评价模式在

---

①张春莉.减轻学生课业负担——一种认知负荷观[J].教育理论与实践，1999，19(7)：54-57.

②王瑞珊，孙敏，陈洪鑫.中小学生视力低下的调查分析[J].中国公共卫生，2002，18(12)：1506.

周介湉.中小学生视力低下率为何居高不下？[J].上海教育科研，2004，(10)：74-75.

冯铁娟，汪琪.274名初中生睡眠时间和疲劳程度的相关性分析[J].中国行为医学科学，2007，16(5)：467-468.

学生厚此薄彼的发展导向问题上难辞其咎。

二、“减负增效”对策的教育怪圈

我国学生的大部分时间用于学习，这种时间投入远远超过了合理的程度，而且很多学生对学习的兴趣并不浓厚，主要目的在于应试。学生的学习投入与产出并不成比例，而且过重的学习负担已严重影响到学生的身体素质，这一趋势与“素质教育”的理念背道而驰，因而“减负”不可避免地就成为社会广泛关注的问题。2000 年开始之际，“减负”行动逐渐展开，但这一举措却令家长与教师无所适从，行动并未取得预期的成效，学生的学习负担也并未减轻，“高耗低效”的现象仍持续存在。

（一）“减负增效”对策的实质初衷

所谓学生负担就是学生为达到自身素质全面发展的目的而应承担的全部任务与责任，作为学生，他们必然要承担一定的学习任务与责任，没有学习负担是不可能的。长期以来，东西方学者曾在学生的学习负担问题上存在着严重的分歧，东方学者倾向于认为加重学生的学习负担有助于学生更好地社会化，而西方学者则认为超负荷的学习负担不利于学生的身心健康。在不同理念的引导下，我国教育给学生施加了超负荷的学习压力，由此导致学生的身心陷入了恶性循环的状态；而美国在过去几十年里一直把学生的生活技能作为一种时尚，过于放宽学生的学习时间，过分尊重学生的独立性，结果导致基础教育质量的严重滑坡。总结过去的经验与教训，当代教育专家们普遍认为，适当的学习负担是必要的，学习也必须具备一定的强度，但如果学习负担超过了学生身心所能承受的“度”，那么就表明学习负担过重，过犹则不及。目前，我国学生过重的学习负担主要表现在两个方面：一是基础教育的学习时间过长，从而造成学生视力下降、睡眠不足，严重影响了学生的身体健康；二是不必要的重复劳动过量，这不但占用了学生大量的个人时间，而且严重影响了学生学习的兴趣，使得学生在产生生理疲劳的同时更易引发心理疲劳。

所谓“减负”就是要减掉那些妨碍学生身心健康与全面发展的过重负担，而非无原则地减掉必要的学习任务，降低对学生的要求。“减负”不但应关注学生的生理承受力，而且要考虑学生的心理负荷，如认知负荷等，要使学生的学习负担保持在身心许可的范围之内。

“减负”不是目的，而是手段，“减负”的目的就在于“增效”，即全面推进素质教育，促进学生多方面的健康发展。素质教育所倡导的“减负”就是要在充分发挥学生主体性和主动性的前提下，提高学生的发展目标，增大学习的有效含量。“减负”与“增效”二者并不矛盾，而是辩证的关系，若无视学习效率谈

“减负”，这样的“减负”只会减掉学生必要的学习任务，降低教育要求；反之，若不实施“减负”，学生的全面发展与学习效率就无从谈起。有人曾对我国基础教育中学生过重的学习负担作了如下的阐释：“课业负担重，生活负担轻；智育负担重，德育、体育、美育和劳动技术教育负担轻；动脑负担重，动手负担轻；左脑负担重，右脑负担轻；记忆负担重，思维负担轻”[①]。由此可见，“减负”不仅仅是控制学生的学习时间，减少枯燥的、不必要的重复作业，而且还要在合理的学习时间内调整学习的内容，对学生过重的负担“减负”，对过轻的负担“加负”，以达到学生全面发展的要求。

（二）“减负增效”对策的两难现状

在我国的基础教育中，“减负增效”的对策最初体现在不允许学校在节假日给学生补课，也不允许教师占用学生的课余活动时间，后来逐渐发展到要求减少学生的家庭作业量、严格实施双休日制度等。可以发现，这一系列有关“减负”的措施所关注的焦点都在于减少学生的学习时间投入。

我国传统的观念认为学习时间投入与学习成绩成正比，进而与学生未来的前途密切相关。“减负”意味着减少任务量与学习时间投入(现行的“减负”对策确实传达出这样的讯息)，这就会降低学习成绩；反之，大量的学习时间投入就意味着要减少学生休息与娱乐的时间，这难免会加重学生的学习负担，据此学习成绩与“减负”就陷入了难以持衡的两难境地。有的家长担心如果自己的孩子减了“负”，而别人的孩子依旧如故，那么自己的孩子就会在激烈的竞争中处于劣势，因而他们在学校“减负”之余给自己的孩子增加额外的学习时间。学校也会迫于同行的比拼与家长的压力，明减暗不减。值得一提的是，学生作为学习的主导者，对“减负”对策的实施是既爱又怕，爱的是“学习终于可以如释重负”，怕的是“如果其他人不减负，自己极有可能要屈居人后”。有研究曾对我国“减负”措施实施后的效果做了调查，结果发现，随着“减负”行动的开展，出现了三种颇具代表性的现象：一是教育行政部门要求“减负”，学校不愿意“减负”，旧制依然实行，出现“明减暗不减”的现象；二是学校要求“减负”，家长要求不“减负”，出现学校“减负”家长“加负”的现象；三是学生支持“减负”，但是又不敢“减负”，甚至出现学校“减负”而学生自己给自己“加负”的现象[②]。

（三）“减负增效”对策的合理之处

我国学生的学习负担在长期的、不合理的学习时间投入上表现最为明显。受传统教育思想的影响，人们在很大程度上认定学习时间总量的投入与学习成绩之

①邬志辉.关于学生负担问题的深层次思考[J].课程·教材·教法，1998，(1)：13-15.

②李世宏.关于中小学“减负”的新思考[J].当代教育科学，2005，(1)：20-21.

间成正比关系，因而他们主张无限制地增加学生的学习时间。随着相关研究的深入，越来越多的研究发现，课业负担与学习成绩之间的相关度并不高[①]，学习时间超限不仅对学生的学习成绩而且对学生的身心发展都会产生负面的影响，这些研究结果对传统观点提出了质疑，从而为当前“减负”对策的合理性提供了依据。

1. 学习时间投入的经济学分析

依据经济学当中的边际收益递减规律可以发现，学生的学习时间投入与学习成绩之间并非呈现持续的正比关系，即并非学习时间越长，学习成绩就越好。有研究对学生的学习时间投入与学习成绩产出之间的关系进行了经济学分析，结果发现，在其他条件不变的情况下，随着学习时间的增加，初期的总成绩、平均成绩和边际成绩(指每增加一单位的学习时间所增加的学习成绩)都是上升的，但上升到一定程度后各自就开始了不同程度的递减；当边际成绩与平均成绩相等时，学习时间的投入会获得最佳的学习效果，之后继续增加的学习时间虽然也可以增加总的学习成绩，但其效率却呈现递减的趋势；当边际成绩为 0 时，此时的学习时间投入获得了总成绩的最大值，之后就连总成绩也开始呈现下降的趋势，即再多的学习时间投入都是在做无用功[②]。

就应试教育而言，学生的学习目的在于增加总的学习成绩，从经济学的角度来讲，要增加总的学习成绩，就必须要把握好持续的学习时间投入，即当边际成绩等于 0 时的时间投入。就素质教育而言，学生的学习目的在于获得高效率的学习结果，从边际收益递减规律来讲，要获得高效率的学习结果，就必须要把握好有效的学习时间投入，即当边际成绩等于平均成绩时的时间投入。因此，无论是应试教育还是素质教育都应该有一个学习时间的边界限制，而非无限制地投入学习时间。

2. 学习疲劳的心理学机制

学生的学习疲劳是指由于持续或过度的学习活动而引起的机体不适和学习效率降低的身心状态，学习时间超限不但会引起学生生理上的疲劳，而且还会引发心理上的疲劳效应。

随着学习时间的持续增加，学生对刺激的感受性和信息加工的速度逐渐降低，而反应时间逐渐增加。从神经生理学角度来看，学习疲劳产生的生理机制就是超限抑制，它是指由于刺激的作用过于强烈或过于持久而超过了神经细胞的兴奋程度，从而引起大脑皮层神经细胞兴奋性下降，对刺激的感受性也随之降低。长时间单调的学习活动，容易使学生的脑力和体力消耗过度，神经细胞失去正常功能，引发生理疲劳，这不仅会影响学习效率，而且对学生自身的生理发展也是一大损害。

随着学习时间的超负荷增加，学生容易产生心理疲劳现象，甚至是对学习的

---

①汤林春，傅禄建.课业负担与学业成绩关系的实证研究[J].上海教育科研，2007，(12)：32-36.

②崔卫国.学习投入与产出的经济学分析[J].北京理工大学学报，2000，(4)：76-78.

厌烦情绪。这种心理疲劳并非是由于学生生理上的消耗所引起的，而更多的是由于其所从事的活动不符合自身的心理需要所产生的一种主观体验。心理疲劳既可能源自于认知的脑力负担，也可能源自于情绪的负性体验。如果学习任务超出了学生的“最近发展区”，那么认知超载就容易引发心理疲劳；如果学习内容过于单一乏味，那么长时间的机械学习也会导致心理疲劳。我国学生目前的学习状态仍是竞争高于发展，在社会、学校与家长广泛的压力下，大多数学生的学习安排都缺乏自己的主观意愿，相悖于学生独立自主意识的发展，这种长时间的、被动而又单调的学习无疑更容易引发沉重的脑力负荷与厌倦情绪。与生理疲劳不同，生理疲劳只需适当的休息就可以缓解，而心理疲劳则更多地要依靠合理的心理调整才可能得以消减。

（四）“减负增效”对策的误区之源

虽然我国当前的“减负”对策具有一定程度的合理性，但两难的实施现状却毫不掩饰地映射出“减负”对策的困顿之境。当前“减负”措施的误区就在于片面理解了“减负”的含义，将“减负”单纯等同于减少学生的学习时间，事实上，“减负”并非是一味地削减学生重复的学习量、减少学生的学习时间，无原则的“减负”只会减弱学生的学习动力与教育质量，甚至于减掉学生必要的学习任务。“减负”的目的在于“增效”，即全面推进素质教育，促进学生多方面的健康发展。“减负”与高效是相辅相成的，离开效率谈“减负”就会陷入两难的怪圈。所谓的“负”是指那些妨碍学生身心健康与多方面发展的过重负担，而非降低对学生学习的基本要求。要想有效地实施“减负”，就必须揭示出当前我国学生学习负重与高耗低效的症结所在。

我国学生的学习负重与“减负”对策的两难问题有着更深层次的社会根源，它不仅是传统教育思想、教师教学水平与社会用才机制的产物，追本溯源，更是“不合理”的学习评价机制所埋下的祸患。单纯追求学习成绩的评价机制不但使学生、教师、家长曲解了学习的最终目的，而且也是“减负增效”这一举措难以有效实施的根源。

1. 传统教育思想的影响

我国自古以来就推崇“头悬梁”、“锥刺骨”、“囊萤”、“映雪”的勤学苦读精神，这些传统文化对人们产生了深刻的影响。处于儒家文化圈里的中国盛行着一种观点：提高学生的学习成绩就必须投入大量的学习时间，加大学习负担有助于青少年更好地社会化。多数家长和教师相信“苦读寒窗”、“一份汗水一份收获”的教育经验，因而在实际的教育过程中他们只是一味地给学生加量加压，而无视学生身心的承受极限与全面发展的要求。“减负”措施从表面看是单纯地减少了学生的学习时间、削减了学习量，以我国传统的观点来看，减少了学习时间就会造成学习成绩的下降，而要提高学生的学习成绩就必须加大学习时间的投入，如此一来，就产生了“减负”与“分数”之间的矛盾。受传统教育思想的羁绊，“减负”对策在实施过程中难以得到家长与教师的积极响应。

2. 教师教学水平的反映

长期以来，我国基础教育水平提高缓慢，学生的素质发展严重失衡，个性得不到张扬，潜力得不到充分挖掘，“高耗低效”、“高分低能”现象普遍存在，这些都与我国教师的教学水平密切相关。随着“减负”理念的传扬与“减负”行动的开展，“减负”与“增效”的相倚关系逐渐获得认同，多数家长和学生认为“减负”最有效的措施就在于提高教师的教学水平。

我国传统的教学重课堂。在传统课堂教学中，教师关注的是知识与技能的“双基”目标，多数教师以记忆为目标对学生进行强化训练，用记忆代替了思维。教学方法主要采用以教学为中心的满堂灌形式，很多教师持有“教得越多，学得越多”这样的教育理念，因而教师在课堂上不停地讲解、示范，试图通过言语活动将更多的知识内容传授给学生。在这种教学方式下，有限的课堂时间被教师占用了绝大部分，而学生在课堂上的活动则相对较少，且只能被动地接受知识。有研究表明，我国教师在课堂上的言语活动远比学生要活跃，基础教育课堂上的提问率几乎为 0。学生多采用接受式的学习方式，且练习多以被动机械的模仿为主。教师传统的教学方式对学生的学习方式与学习过程产生了严重的负面影响，它在挫伤学生学习主动性与积极性的同时也阻碍了学生各方面能力的发展。

随着素质教育的开展，新一轮的课程改革也在推进。新的理念要求教师改变传统的教学方式，关注学生主动探究、勇于发现、动手操作与善于合作等各方面能力的培养。但是由于传统教学思想的束缚以及对新课标的理解不同，教师在教学过程中仍存在着形形色色的认知误区与行为偏差。在课堂活动方面，虽然有很多教师为了弥补“满堂灌”的不足逐渐开始关注师生互动，试图激发学生的学习兴趣与求知欲望，但他们多采用“教师问，学生答”的互动方式，甚至有些教师为了达到“动”的目的，出现了“满堂问”的现象，这种教学方式不仅使课堂提问的质量有待于商榷，更重要的是，教师忽视了提问的另外一个方面，即学生自身质疑问难的需求与能力。“人贵有疑，小疑则小进，大疑则大进。”爱因斯坦曾指出：“提出一个问题往往比解决一个问题更重要，因为解决一个问题也许只是一个数学上或实验上的技巧问题，而提出新的问题、新的可能性，从新的角度看问题，却需要创造性的想象力，标志着科学的真正进步。”目前很多教师所采用的“重提问轻质疑”、“为提问而提问”的课堂互动模式以教师的“问”代替了学生的“问”，严重挫伤了学生主动探究与勇于发现的兴趣。在教学手段方面，许多教师为了提高学生的学习兴趣，使教学更为形象化，采用了多种新颖的教学手段，如多媒体辅助教学等，但很多情况下，教师并没有深入结合教学内容，而只是一味地流于形式，为求新颖而新颖，这种“重形式轻实效”的教学方式在耗费了教师大量备课时间的同时并没有使学生获得更大的收益。

我国教师在教学改革方面还存在着一定的偏差，不适当的教学方式成为引导学生采用单一接受式学习方式的关键所在。目前，我国学生学习过程中存在的高耗低效现象正是教师教学水平低下的反映，要转变学生传统而单一的学习方式、培养学生各方面的能力，就必须要转变教师传统的教学方式，提高教师的教学水平。

3. 社会用才机制的导向

在我国，不论是教师、家长还是学生，都把获得文凭、改变现状作为学生学习的首要目标，片面强调升学、追求绝对高分数的理念是学生学习负担过重的主要原因之一[①]，这种“唯分数至上”的论调与当前我国社会不合理的用才机制密切相关。

自古以来，我国就把读书作为晋升职位与求取功名的基本途径，就目前我国社会用人单位招聘的实际情况来看，更是出现了“唯学历主义”的倾向。一方面，很多用人单位“只重文凭不重水平”，片面追求高学历，而不考虑工作本身的实际需要，也不关注应聘者的实际工作能力与潜在能力；另一方面，用人单位“重智而轻德”，片面关注应聘者的学习成绩、外语水平等，而忽视了对其道德品质、心理素质等方面的考察。无论是招聘入行还是提职晋升，多以学历论资排辈，毋庸置疑，考试分数低将意味着要陷入工作难、晋升慢的境况当中。

正是由于社会用人单位片面强调学历，所以学生为了改变目前的生活现状，把升学作为学习的首要目标；也正是由于社会用人单位片面强调学习成绩，所以学生为了在激烈的竞争中获胜，大搞“题海战”、“疲劳战”。可见，不合理的社会用才机制也是加重学生学习负担的原因之一。

4. 学习评价机制的引领

无论是家庭、学校还是社会环境中的不合理性都是学生学习负担过重与“减负”对策受阻的重要原因，但是，归根究底，这三方面的偏差却都源自于一个共同的因素——“不合理”的学习评价机制。

我国传统教学主要把单一的知识技能作为学生学习的目标，评价学生学习的方式主要是采用考察知识技能的纸笔测验，由此考试成绩就成为评价学生学习的主要指标。这种单纯以学生的考试成绩作为产出指标的学习评价重在考察学生的记忆性与模仿性的知识与技能，忽视了学生情感与多方面能力的发展，在这种评价机制的指导下，不论是教师的教学还是学生的学习都将最终的目的聚焦于获得绝对优势的学习成绩以达到升学的要求，据此那种无限制地增加学生学习负担的做法就变得无可厚非。我国学生的学习活动最直接地受到教师教学的影响，无论是教师的教学认知、情感还是行为表现都对学生起着潜移默化的作用。教师手中

①任胜洪，溪海燕.关于追求升学率与减轻学生负担的调查与思考[J].当代教育科学，2005，(19)：45-46.

的“指挥棒”总是要围绕着评价机制转，传统的学习评价单纯关注学生绝对的考试成绩，因而教师倾向于给学生灌输尽可能多的知识，而非讲究课堂趣味性与情感投入。虽然学生过重的心理负担在一定程度上反映了教师较低的教学水平，但归根究底仍源自于不合理的学习评价机制的影响。正是由于传统学习评价机制的限制，才会导致教师无视学生的认知投入与学习兴趣，仅是一味地采用灌输式的教学方式。“以考促教”是评价的一大功能，教师的教学方式乃至教学水平仅是学习评价机制与学生学习的一个中间环节，但其对学生学习取向的影响仍不容忽视。

由于传统的学习评价机制单纯关注学生的学习成绩，因此引发了三种情境下的循环效应：家长认定学习成绩与升学、未来出路密切相关，主张不惜任何代价提高学习成绩；学校在升学只需学生学习成绩的评价指引下，为追求升学率并不关注教师的教学方式与学生的全面发展；社会用人单位片面强调与学习成绩挂钩的学历高低，迫使学生、家长、教师均将学生升学作为其学习的首要目标。“不合理”的学习评价机制不仅是导致学生学习时间超限、“高耗低效”的症结所在，也是影响教师教学水平与学生学习方式的一项重要的因素。此外，若将学生的综合素质作为学习评价的目标与考核的内容，那么用人单位追求高学历的做法就会得到一定程度的改善。可见，“不合理”的学习评价机制才是我国基础教育中“高耗低效”现象与“减负增效”对策受阻的根本原因，只有对这种“不合理”的学习评价机制进行适当的调整才能改变学生学习的“高耗低效”现象，使“减负增效”政策得以落实。

三、对学习评价导向的深层解析

“以考促学”是学习评价的一大功能，改变学生的学习方式有一种最为快捷的方法，那就是改变学生的学习评价系统[①]。要减轻学生过重的学习负担，改变超限时间投入的学习方式，就需要对传统的学习评价机制做出适当的调整。

（一）学习评价机制改革的必要性

1. 现时的学习评价禁锢了素质教育的开展

我国传统的学校教育注重对基础知识的积累和灌输，注重培养学生对书本知识和权威的尊重，注重学生对知识的掌握与体系的建构，这种教育基本上属于应试教育，它的确使得学生获得了扎实的基础知识，但也使学生缺乏创新见解与主动意识，并造成了学习与发展中的诸多问题，如心理负担重、学习压力大、体质状况差等。

---

①Connor-Greene，& Patricia A.（2000）. Assessing and promoting student learning：blurring the line between teaching and testing. Teaching of Psychology，27，84-88.

相比之下，美国更注重培养学生运用知识的实践能力，注重培养学生对书本知识和权威的质疑、批判精神，注重独立思考与创新能力以及思考问题的习惯和方法，教师课堂的教学质量以学生听讲的效果来判断，教学内容考虑学生的兴趣，教学方法灵活多变，但学生的基本功不够扎实，纪律涣散。

中美不同的教育制度体现了双方在知识观和教育观上的差异，体现了静态和动态的学习过程的差异。我国的教育根植于传统文化，应在保持自身优势的基础上借鉴国外的教育精髓。现阶段我国的教育政策虽然提出了“素质教育”的理念，但是，在实施过程中真正的素质教育并没有渗透到学校教育和学生的日常学习当中。这种现状出现的原因就在于传统评价机制对学生学习的禁锢效应。学习评价方式与学习投入的关系研究表明，学生的学习投入更多地受到学习评价方式的影响①。鉴于此，当前评价机制的转变乃当务之急。1999 年在第三次全国教育工作会议上通过的《中共中央国务院关于深化教育改革全面推进素质教育的决定》对评价方法的创新提出了新的要求：“建立符合素质教育要求的对学校、教师和学生的评价机制”。要落实“素质教育”，要将知识的传授和学生能力的培养结合起来，就必须改变传统的学习评价机制。

2. 现时的学习评价滞后于评价理论的发展

从评价对象来看，教学过程是教师与学生的双向活动，学生是学习的主体，教学活动的最终目的在于促进学生的学习，教师的教学质量只是影响学生学习的一个外部因素，最终还是要通过学生自身的认知、情感与行为等因素才能发挥作用，因而应给予新课改主张的“评学”更大的关注。就教与学两方面比较而言，我国现有的评价更多地集中在对教师教学质量的评价，也就是对教师的“教”的评价，对学生“学”的评价虽也有所研究，但却明显处于弱势状态，既缺少对学生学习产出的全面评价，也缺乏对学生学习过程的诊断性评价。这种关于评价的研究现状与新课程改革所主张的“重点评学”要求之间存在着一定的差距，以“评学”为重心的评价研究趋向势在必行。

从评价内容来看，多元化的学习评价主张评价学习产出不但要考虑学生的学习成绩，而且要考察学生各方面的综合素质以及学习投入因素，但是，到目前为止，综合素质的评价还只是处于理论发展阶段，并没有广泛深入到学习评价的内部过程当中。当前对学生的学习评价仅仅局限于教师的主观评价，而教师的评价更多的是依赖于学生的学习成绩，因而构建合理而科学的学生学习评价体系就成为评价研究不可缺少的一大内容。调查发现，我国学生的学习主观幸福感普遍偏低，其直接的影响因素是学习的体验和现有的学习成绩，而间接因素则是社会压力以及期望的学习成绩，②由此看来，各界仍然把学生的学习成绩视

①Connor-Greene, & Patricia A.(2000). Assessing and promoting student learning: blurring the line between teaching and testing. Teaching of Psychology，27，84-88.

②马颖，刘电芝.中学生学习主观幸福感及其影响因素的初步研究[J].心理发展与教育，2005，(1)：74-79.

为不可替代的指标，而且社会给予的压力与期望依然是与学生的学习成绩紧密联系的。据此，如何在实践中把学生投入与产出的综合评价加以实施就成为转变评价体系的重要方向。

从评价技术来看，新的研究方法与技术为更精细的评价研究提供了可能性，但却没有与新课改提倡的研究对象与研究内容有机结合起来。整合有关文献发现，评价研究已将层次分析法、因子分析法等技术大量应用于建构教师教学质量的评价体系，而只是把学生的一部分学习结果作为教师教学质量评价的一个方面而已。与此相对的是，新技术在学生学习的综合结果产出与学习投入过程的评价分析中尚处于初步的探索阶段。据此，有待于把层次分析法、因子分析法、数据包络分析等研究方法应用于建构学生学习投入与学习结果产出的评价体系当中。

根据新课改所提倡的评价对象、内容、方法等方面的发展趋势，现时的评价研究与之存在着一定的差距。要转变这种状况，就需要将评价研究的对象转向学生学习方面，既要对学生的最终学习结果进行总结性的评价，又要关注对学生学习过程的诊断性评价，在评价内容和目的方面将学生的学习投入过程和学习结果产出结合起来，采用定性与定量的研究方法，建立科学而合理的学习评价模型，并在实际教学过程中运用理想模型对学生的学习进行综合性与有效性的评价。

(二)学习评价机制改革的方向性

历史上的泰勒模式与克龙巴赫模式引发了人们对总结性评价与形成性评价的争论与思考，应该说，形成性评价是教育评价历史发展中的一大进步，但是，总结性评价能够延续至今，其评价地位也是不容否定的。

1. 从学习的产出看总结性评价

迄今为止，在学生的学习评价问题上，应用最广的还是总结性评价。在世界各地，每学年、每学期都有数以亿计的学生参加各类考试，如入学考试、毕业考试等，这些都是总结性评价的组成部分。这些大量存在的总结性评价是其存在合理性与重要性的最佳证明。斯克里文曾指出，总结性评价是方案指导者不可推脱的责任，也是学校本身必须考虑的部分。《中国青年报》在 1998 年的一项调查指出，从影响个人前途命运的角度评价 20 年来的历史大事时，恢复高考以 55.5%的获选率排在第一位。尽管人们对总结性评价的议论褒贬不一，但对它的巨大功绩应给予充分的肯定。

在对我国大型考试的批评意见中，无论是谈及“片面追求升学率”，还是论至“应试教育”，“减负”要求的提出都变得顺理成章。即便如此，“减负”也绝不意味着要减少或取消必要的测验或考试，而是要改革考核的内容与方式。“减负”的目的之一就是要锻炼学生多方面的综合能力，促进学生的全面发展，这也正是素质教育的宗旨所在。要改变学习“高耗低效”的现状，有效实施“减负”

政策，就必须要改变传统的以知识技能为主要目标的教育观念，变单一的学习成绩目标为综合素质目标。

虽然学习成绩在一定程度上反映了学生的知识获得水平，但这并不能代表学生的各项能力也获得了相应的发展。评价不仅要关注短期的学习效果，还应从长远的角度考虑学生各方面的能力与素质发展。有调查指出，绝大多数的人都认为学生的身体健康、情感、智慧等各方面综合素质的发展才是合理的学习评价内容，而并非是单纯的考试成绩①。但实际上，不论是教师、家长还是学生，都片面关注考试成绩，都把升学作为学生学习的首要目标。这就产生了观念与现实之间的差距，而造成这种差距的关键就在于“不合理”的学习评价机制。正是单一考试成绩的指标评价体系使得“素质教育”的理念无法变成现实，因而以学生综合素质的评价代替传统单一的考试成绩的改革势在必行。

基于我国的人口数量与基本国情，大型考试制度一直都被人们视为最有效、最公平的人才选拔方法，它不仅为学生的公平竞争提供了平台，而且为结果的客观量化提供了方便。在重人情关系的社会文化环境中，只有通过公平公正、客观量化的竞争方式才能解脱人情困扰、正确选拔人才。科学的评价制度不仅可以考察学生的学习成效，而且可以测量学生的能力发展、心理素质等。对学生个体而言，内容科学、形式灵活、公平量化的评价有助于促进学生身心的健康发展。只有构建了合理的评价机制，最大限度地发挥其积极的导向功能，才能有效地解决“智育一枝独秀”的现时问题。

2. 从学习的投入看形成性评价

从学习投入的角度来看，评价应考虑对学生学习过程的评价。学习评价不仅要对学生的学习产出进行总结性评价，还要将学习投入与学习产出结合起来进行效率性或诊断性评价。

我国传统的学习评价多关注对学生最终学习成绩的总结性评价，而忽视了对学生自身学习过程投入的诊断性评价。事实上，获得同样学习成绩的学生并非投入了相同的学习量，效率高的学生所用的学习时间无疑比效率低的学生要短，而余下来的时间就可以用于其他活动。虽然某两人在学习成绩方面接近，但却可能在学习投入与体验的负担上存在着显著差异。可见，将投入不同而成绩相同的学生视为同等水平无疑是学习评价中的一大漏洞。

传统的学习评价无视学习投入的多寡，只关注最终成绩，这种绝对性的评价方式既不讲求学习的效率，也无视对学生自身学习投入的原因诊断。如果学习评价将学习投入与产出结合起来加以考虑，即考虑学习投入与产出之间的相对关系，那么不但可以改善传统的罔顾学习投入而单纯强调成绩的学习方式，而且可以诊断出学生在学习过程中的弱势，有助于进一步采取有针对性的补救措施，促进其

①李长吉.关于教学价值评价观念的调查分析[J].上海教育科研，2004，(5)：27-29.

学习效率的提高。

从当前学生的学习投入来看，在传统学习评价机制的引导下，他们单纯注重学习时间“量”的投入。当然学习活动离不开时间因素的投入，但如何可以使学生在较短的时间内获得更为高效的结果却更具价值性。实际上，除了时间投入，学生学习过程中的认知、情感、行为等各项投入对学习结果产生着更为重要的影响，而仅仅注重绝对时间投入的学习方法是学习过程中的一大误区。高效率的学习不在于学习时间上的绝对差异，而应顾及认知、情感与行为主动投入三者之间的协同作用。我国传统的学习评价较少考虑学生的学习投入因素，仅仅关注学习结果而非过程，因而难以找到学习成绩不佳的根本原因，更谈不上采取有针对性的补救措施，无形中弱化了形成性评价的信息价值。

写在篇前的话

美国最早形成了教育评价的理论，而且也在研究当中最早提出了投入与产出的评价理念，这一视角不仅应用于对教师教学投入的评价，而且也指向了对学生学习投入与产出的评价。投入与产出的评价理念最早见于20世纪60年代美国学者科尔曼(James. Coleman)的《教育机会均等报告》(*Equality of Educational Opportunity Study*)，在这一报告中他阐述了对学校投入与产出的效能评价研究。学校效能评价是对学校影响学生身心发展情况的价值判断过程，这种评价方式所采用的“增值”与“净影响”的思路形成了有别于传统评价的模式与方法，同时也触发了学习评价领域的新视角。

“增值”是指相对于学生的起始阶段，经过学校的教育，学生各方面素质的增长情况，也就是学生各方面素质在投入与产出对比时产生变化的部分。学生起点水平的高低对最终学习结果产出的影响非常明显，忽视这一基线的存在，用同样的标准去评价学生，显然是有失公允的。“增值”理念提倡以学生的进步幅度来衡量学习结果，这对于提高学生的积极性、解决评价的不公性无疑提供了有益的导向。

“净影响”是指排除了学校以外因素的影响之后获得的纯粹的学校影响，这一效能评价理念为学生学习评价的发展提供了有益的借鉴。如果能够精确地分析出学习投入与产出之间的关系，那么，有针对性地指导学生调整投入方向、改进学习产出便不是泛泛之言了。值得一提的是，要想排除所有额外因素的效应，剥离出变量之间纯粹的关系并非易事。但是，我们也应该看到，随着很多评价技术的开发，这一问题逐渐有了新的进展，越来越多的研究者致力于剖析学生的学习产出与投入因素之间的关系。

学生的学习受到诸多方面因素的影响，传统的学习评价未曾考虑学生已有经验与知识基础而单纯比较学生之间的平均成绩差异，忽视了学生基线与背景因素对学习的影响，没有关注学生学习投入与产出的真正的效能高低。“增值”与“净影响”的思路为学习投入与产出的评价理念革新与发展引领了新的发展取向。

迄今为止，美国学校情境中投入与产出的效能评价研究共历经四个阶段①，每一阶段的先进理念都对相关的评价领域产生了深远的影响，而学习评价正是在这一系列效能模式的推动下获得了长足的发展。

20世纪60年代中期到70年代早期的效能评价属于“投入—产出”评价模式，

①汤林春.试论学校效能评价的发展[J].教育发展研究，2005，(22)：64-69.

也就是“生产函数”模式，这一阶段的评价研究关注宏观层面上的学校人力资源和物质资源等变量投入对学校产出(尤其是学生的学习产出)的影响，大多采用定量研究的方法对学校投入与结果产出的大样本进行相关与回归分析。

20 世纪 70 年代早期至 20 世纪 70 年代晚期的效能评价属于“投入—过程—产出”评价模式，这一阶段的评价加入了一系列的过程变量，即开始关注教师的课堂教学质量对学生学习产出的影响。20 世纪 70 年代初美国加利福尼亚州负责监督教育和教师证书计划的委员会进行了有关初任教师的评价研究(Beginning Teacher Evaluation Study，BTES)，研究者最初采用的是“过程—产出”范式，即将教师的行为及其课堂特征与学生的学习成绩联系起来，但后来研究者发现这种研究范式具有某种内在的不合理性。后期的研究模型加入了学生的行为与专注程度，该模型认为，教师行为和课堂特征是以学生的行为与专注程度等为中介来影响学生的学习成绩的，研究结果证实了教师的“教”要通过学生的内部过程起作用，据此，学生自身的投入，如行为与“学科学习时间(Academic Learning Time，ALT)”逐渐受到关注。其实，早在卡罗尔(J. B. Carroll)提出的学习评价模式中就已经充分展现了学生自身投入的价值，基于此评价模式的启发，布卢姆把“学习者积极地关注于学习的时间”称为“用功时间”，更强调了“用功时间”与学生学习过程中其他因素的密切关系，将学生的学习能力、积极专注程度与用功时间作为影响学习效率的重要投入因素。在这一阶段的学习评价模式研究中，学习产出部分也增加了学生的态度与行为指标，呈现出了多元化评价内容的发展趋势，而且此时的评价方法获得了重大的进步，突破了量化评价的局限，开始采用定性研究的方法。

20 世纪 70 年代末期到 80 年代中期的效能评价属于“投入—过程—产出—改进”评价模式，这一阶段重点在于将有效学校或有效教师的有效因素应用到改进的计划中去，出现了“改进研究”，产生了新的投入与产出评价模式，其中对教师教学的有效性评价比较系统，设计的调查表也较为严密、科学，具体指标包括授课目的的恰当性、内容的发展性、实验安排的合理性、课堂教学与学生发展水平的对应性等。要求学生对课堂的每一个侧面作出评价，这种方法在引入学生这一评价主体的同时，也有利于分析提高学校或教师有效性的因素，从而提出具体的改进方案。在此理念的影响下，学习评价领域的“改进研究”主要通过寻求投入与产出之间的关系，依据有效的投入产出比对学生的学习投入进行干预，有针对性地改进学生的学习投入，如认知投入与行为的投入，以达到提高学习产出的目的。这类研究通常采用个案研究的方法，不仅关注普通课堂当中的学生，更重要的是针对具有某种缺陷的学生进行的个体干预，它突破了量化研究的局限，将量化研究与质化研究有机地结合起来加以使用。

20 世纪 80 年代晚期至今的效能评价属于“背景—投入—过程—产出—改进”评价模式，这一新的评价模式中增加了背景因素的影响，也就是说，它考虑到了不同学生在知识基础与一般能力上的差异，倾向于对起点水平的变量进行控制，从而计算出学习产出的“增值”效果，此时的研究大多采用多层数学模式等综合性的评价方法，具有将定量研究与定性研究综合使用的倾向，如数学模型中的状态转移矩阵正是以“增值”理念为核心思想的，这一模型在学生的学习评价中得到了广泛的应用并展现了重大的价值。

第二篇　学习评价的新视角——投入与产出

一、国外投入与产出的评价视角

（一）学习投入与产出评价的研究现状

美国学校情境中较为宏观的投入产出模式对微观课堂的学生学习投入与产出评价模式研究产生了巨大的推动作用并提供了有价值的借鉴。长期以来，对应于学校情境中投入与产出的模式研究，美国学者也对微观课堂情境中的学生学习投入与产出关系模式进行了大量的研究，经分析整合，大致可以归纳为理论与实证两大类型。

1. 学习投入与产出关系的理论探讨

学习投入与产出的关系研究最先始于定性的理论模型构想。随着认识的深入，一些学者试图建立学习投入与产出关系的理论模式，即通过分析学生的学习产出是由哪些因素造成的，以此建构一种学习评价模式。美国学者卡罗尔指出，寻求学生学习成败的原因从而有效地改善学习是学习评价的首要任务，他更为重视评价的诊断性与形成性功能。卡罗尔认为有必要建立一种影响学生学习成败因素及其相互作用关系的理论模型，并指出，模型中的概念要少而精，层次要同一，内涵要独立。1963年，卡罗尔提出了以学习时间投入为中介的学习效果模式，这一模式把学习时间作为最重要的投入变量，“学习时间”也由此成为了卡罗尔学习模式的核心概念。卡罗尔认为，学习效果是学生实际投入的学习时间除以应该投入的必要学习时间的函数，其中应该投入的必要学习时间是由学生的能力倾向、理解教学的能力与教学质量因素决定的，而实际投入的学习时间是由学习机会与学习毅力决定的。概括地说，卡罗尔的学习模型是关于时间的一次函数，可用下式来表示：

$$\text{学习效果}=f\left(\frac{\text{实用时间}}{\text{需用时间}}\right)$$

$$=f\left(\frac{\text{学习机会；毅力}}{\text{能力倾向；理解教学能力；教学质量}}\right)$$

卡罗尔的这一评价模型考虑了教学质量与学生自身多方面因素的影响，包括学生的能力与毅力，其中能力属于学生学习的背景因素，而毅力则体现了学生学习的行为投入。他鲜明地提出了所花时间与所需时间这两类学习时间的制约关系对学习程度所起的作用①。这一学习模式首次揭示了学习时间与成效之间的关系，明确地将学习时间作为影响学习结果的独立变量，其中所采用的“实用时间”等概念对以后的相关研究具有重要的启发与指导意义。

受到卡罗尔学习评价模式的启发，美国学者布卢姆指出，学习能力是学习速度的一种表征，即学习能力强的学生学得快，因而所需时间也少；反之亦然。这种用学习能力来表征学习速度的做法，使得“所需时间”的概念更加容易操作。值得关注的是，他明确阐释了“用功时间”的含义，在相关研究中把“学习者积极地关注于学习的时间”称为“用功时间”，揭示了与学习结果关系更为密切的一个时间变量。安德森(Anderson)在1973年的研究中指出，学生的“用功时间”与学习成绩之间的相关系数为0.75，与学习成绩增量之间的相关系数为0.58②，这在一定程度上为布卢姆的观点提供了佐证。除此之外，布卢姆更强调“用功时间”与学生学习过程中其他因素的密切关系，在他看来，不同学生的学习时间必有差异，学习时间是随着学生的认知特征、情感特征与教学质量的变化而变化的。在学习投入与产出的关系问题上，布卢姆将学生的学习能力、积极专注程度与用功时间作为影响学习效率的重要投入因素。

美国学者哈尼斯菲格和威利(Harnischfeger & Wiley)于1976年对卡罗尔的“所花时间”与“所需时间”两类时间进行了细化，提出了层层嵌套的时间模式，从“名义上的在校学习时间”开始，逐渐缩小至“每个学生实际的在校时间”、“分配给每个学生课程内容的时间”、“每个学生课程内容的所用时间”等，其中，“所用时间”与“所得时间”是这一模式的核心概念，“所用时间”包括主动学习时间与被动学习时间，“所得时间”指的是高效学习的时间，即学生高度专注于学习任务并取得高成功率的学习时间，毋庸置疑，高效学习时间才是重中之重。这与布卢姆的“用功时间”在本质上是相同的。

基于卡罗尔的学习效果评价公式，很多研究者将注意力集中在对分子的考虑上，即增加学习的所花时间，而较少考虑如何通过减少学习的所需时间达到高效学习的目的。安德森认为，要想达到最优的学习，就必须关注最优的时间与最优的方式，具体说来，就是要考虑学习者现时的学习状态，由此，他提出了影响学生学习所需时间的五种变量：一是学习者的能力，二是学习者已具备的知识基础，三是学习者学习时的体验或专注程度，四是定步性时间的利用，五是管理性时间的利用③。其中，定步性时间的利用是依据学习者原有的知识基础来定步的，而管理性时间的利用则是教师在教学过程中力图减少“失控时间”的教学管理工作，可见，除了教师课堂中的教学管理之外，影响学习所需时间的主要因素还在于学生自身的内部因素，如学习者的能力、已有的知识基础和学习时的体验或专注程度等。

①邹敏，谭顶良.学生学习投入与产出评价的研究综述[J].教育测量与评价，2013，(3)：10-14.

②白益民.学习时间与学习结果关系模型研究述评[J].外国教育研究，1999，(6)：1-7.

③盛群力，吴文胜.教学时间研究模式及其特点[J].课程·教材·教法，2002，(10)：18-23.

此后的一些评价模式逐渐开始关注学生学习的认知与情感投入，试图揭示学习主动性对学习效果的影响。在模型的建构上，有学者建议把学生主动投入的学习时间与总的学习投入时间之比作为学习主动性的指标，把被动投入的学习时间与总的学习投入时间之比作为学习被动性的指标，主动的学习时间与被动的学习时间之和即为总的学习时间。当主动投入的学习时间为零的时候，表明学生对学习的情感投入最低；而当被动学习时间所占的比重较小的时候，表明学生对学习具有较为浓厚的兴趣。学生主动投入的学习时间也不是孤立的变量，它还受到多方面因素的影响。北美学者弗鲁姆(V. H. Vroom)在《工作与激励》中提出来的期望理论指出，目标激发的动力取决于效价(目标价值)与期望值(期望概率)的乘积，效价指的是达到目标对于满足个人需要的价值，期望值指的是人们根据过去的经验判断自己达到目标的可能性，即能够达到目标的概率，效价越高，期望值越大，激励力量就越强。依据期望理论可知，学生主动投入的学习时间必然受到目标效价和期望值的影响，当学生感到目标具有较大的意义和价值的时候，投入的主动性就会增加；当学生感到目标实现的可能性较大的时候，投入的主动性也会增加。由此可见，学生情感上的学习主动性与目标认知是密切相关的，前期这一系列的理论分析为之后学习投入风格的研究提供了丰富的理论基础。

2. 学习投入与产出关系的实证研究

有些研究侧重于探讨学生学习投入的内涵与结构，旨在揭示学习投入的认知、情感和行为三大成分之间的内在关联。研究者安利(Ainley M. D.)通过将学习投入的认知、情感和行为成分进行不同的组合形成了不同的学习投入风格，在此基础上，探究了不同学习投入风格对学习产出的影响①。也有些研究开始关注学生学习的背景因素对学习产出的影响，考虑到不同学生在知识基础与一般能力上的差异，尝试对这些起点水平变量进行控制，从而计算出学习产出的“增值”效果，这必然会将投入与产出的学习评价提升到一个新的高度。

有些研究侧重于将学习投入作为某些外部变量影响学生学习成绩的中介变量，这类研究大多运用结构方程模型等量化手段建构并探讨学生对外部因素(学校、教师、家长与同伴的支持)的感知与学习投入、产出的关系模型，结果验证了外部因素都要通过学生自身的学习投入来影响最终的学习效果这一模式②。20 世纪 70 年代初

①Ainley Mary D. (1993). Styles of engagement with learning: multidimensional assessment of their relationship with strategy use and school achievement. Journal of Educational Psychology，85，395-405.

②Carrie Furrer，& Ellen Skinner. (2003). Sense of relatedness as a factor in children's academic engagement and performance. Journal of Educational Psychology，95，148-162.

Eddy H. de Bruyn. (2005). Role strain，engagement and academic achievement in early adolescence. Educational Studies，31，15-27.

Margaret A. Gibson. (2005). Promoting academic engagement among minority youth: implications from John Ogbu's Shaker Heights ethnography. International Journal of Qualitative Studies in Education，18，581-603.

David Schwartz，Andrea Hopmeyer Gorman，Jonathan Nakamoto，& Tara McKay. (2006). Popularity，social acceptance，and aggression in adolescent peer groups: links with academic performance and school attendance. Developmental Psychology，42，1116-1127.

美国对初任教师的“过程—产出”评价范式引发了研究者的质疑，带动了学生学习模式的深入研究，结果发现，教师行为和课堂特征是以学生的行为与专注程度等为中介来影响学生的学习成绩的，教师只有帮助学生提高专注时间与行为，其行为才是有效的，此类研究模型尤其强调学生自身的学习投入对学生学习成绩的直接效应。

有些研究侧重于对学生的学习投入进行干预，即教师通过一系列的干预手段，改进学生的学习投入(认知投入或行为投入等)，进而提高学习产出①。有的研究采用课堂行为观察的方法了解学生的学习投入状况，有的研究则采用访谈与作品分析的方法了解学生的学习投入状况，这些方法突破了量化研究的局限，将量化研究与质化研究有机地结合起来。有的研究采用行为主义的策略来干预学生的学习投入，有的研究则采用 ACT-REACT 的策略来干预学生的学习投入，这些手段的运用为干预策略的有效制定提供了素材。有的研究关注普通课堂当中的学生，有的研究则针对具有学习障碍的学生，这些对象的多样化为干预措施的全面推广做出了示范。

(二)学习投入与产出评价的发展趋势

国外投入与产出的评价研究逐渐呈现多元化的发展趋势，其中，评价指标的多元化与评价方法的多样化表现最为突出。

1. 评价指标的多元化

从产出的视角来看，学习评价所关注的产出指标已不再是单纯的学习成绩，而是关注学生各方面素质的增值。早期的学习评价基本上是以学生的学科考试成绩或标准测验成绩作为产出指标，由于这一做法受到了很多批判，并且与学习目标存在偏差，所以后来逐渐增加了其他的产出指标。国外的学者在设计学习产出的评价指标时，将学习的产出分为“即时的结果”与“长期的结果”两种类型，大多涉及认知、情感和行为等几个领域，具体说来，有的产出指标以学生终身学习与未来生活所必需的基础技能为主，有的产出指标以综合的学科成绩与社会性行为为主，还有的产出指标关注到学生的学习兴趣和行为等。

从投入的视角来看，学习评价逐渐关注学习投入的内涵界定与指标探索。以往的研究把焦点放在学生的行为投入上，包括具体的行为表现与学习时间的投入，但这种研究没有考虑学生内在的认知与情感因素对学习的影响。杰克逊(Jackson P.)于 1968 年提出了行为投入背后应具有更重要的深层投入这一问题，受此观点

①Charles R. Greenwood，Betty T. Horton，& Cheryl A. Utley. (2002). Academic engagement：Current perspectives on research and practice. School Psychology Review，31，328-349.

Robin M. Smith. (2000). Mystery or typical teen? The social construction of academic engagement and disability. Disability and Society，15，909-922.

Sara E. Dolezal，Lindsey Mohan Welsh，Michael Pressley，& Melissa M. Vincent. (2003). How nine third-grade teachers motivate student academic engagement. The Elementary School Journal，103，239-264.

Marcia L. Rock. (2005). Use of strategic self-monitoring to enhance academic engagement，productivity，and accuracy of students with and without exceptionalities. Journal of Positive Behavior Interventions，7，3-17.

Carl J. Liaupsin，John Umbreit，Jolenea B. Ferro，Annmarie Urso，& Gita Upreti. (2006). Improving academic engagement through systematic，function-based intervention. Education and Treatment of Children，29，573-591.

的影响，之后的学者纷纷对这种深层投入进行探讨。例如，菲恩（Finn J. D.）在1989年的研究中指出学习投入分为两种形式，一种投入是行为投入，另一种是情感形式的投入；安利（Ainley M. D.）则在1993年的研究中对学习投入风格的研究采用了认知投入①。此外，还有更多的研究者致力于这项工作，但他们所提出的深层投入理念都可以囊括在认知与情感这两个学习范畴之内②。1992年，研究者纽曼（Newmann F. M.）等在学生行为投入的基础上界定了一个更深层次的心理投入，他们所界定的心理投入包括认知投入与情感投入。由此，学习投入就不仅仅是指学生的行为投入，还包含了合理的心理投入。学习投入的实质是理解与掌握学习内容的心理投入，而学生学习的行为投入则是心理投入的载体。学习投入可以从间接的指标来加以推断，如认知策略的采用、学习的主动性与注意的强度等。学习投入是一个组合的概念，只有认知、情感与行为投入三者的组合才构成了学习投入。纽曼还对"投入"与"动机"进行了区分，他认为学习投入与动机虽然存在着千丝万缕的联系，但是学习投入的含义比动机要广泛得多。动机只涉及一种心理状态，而不关注行为的表现，有动机不一定会付诸于行为，而学习投入则是心理与行为的复杂结合③。

2. 评价方法的多样化

早期的学习投入产出评价主要采用大样本定量研究的方法，通过聚类分析或因素法进行变量分类与统计分析，旨在找出与学习产出相关度较高的投入因素。这种简易的统计或多元回归统计技术往往忽略了学生学习的起点水平与能力差异。在美国，公立学校与私立学校的教学质量一直是人们争论的话题。倡导私立学校的研究者常常引证的论据是：私立学校学生的成绩要显著高于公立学校，大量的统计数据在这一问题上都得出了明显一致的结论，这一事实无可争辩。但是，仅用学生的学习成绩真的就能够说明私立学校本身的教育价值吗？很显然，我们不能仅用学校类型作为学习成绩的唯一相关指标。家庭条件优越的学生往往选择私立学校，他们的家庭投入显著要多于其他学生，而且学习的起点水平要高。如果评价忽视了学生的基础与投入，那么据此所得出的结论就有待推敲。在美国，曾有一些带有政治目的的教育评论者指出，学生的学习成绩与教师的工资水平、教育支出的关系并不大，而且提供了相应的研究证据。如果这一结论坐实的话，那么缩减教育投入便成为可能。当然，他们提供的研究证据是经不起推敲的，不管怎样，有一点是毋庸置疑的，那就是，如果改变学生学习的评价方式，突破学习成绩的束缚，引入投入与产出的有效性评价，那么上述言论便不攻自破了。随着多层线性统计技术以及数据包络分析技术的开发，投入产出的评价获得了突破

①Ainley Mary D.(1993). Styles of engagement with learning: multidimensional assessment of their relationship with strategy use and school achievement. Journal of Educational Psychology, 85, 395-405.

②邹敏，谭顶良.学生学习投入与产出评价的研究综述[J].教育测量与评价，2013，(3)：10-14.

③孔企平."学生投入"的概念内涵与结构[J].外国教育资料，2000，(2)：72-76.

性的进展，它可以在考虑学生学习起点阶段的知识基础与一般能力的基础上，计算学生学习的增值水平以及投入产出的有效性。

20世纪90年代，数据包络分析(Data Envelopment Analysis，DEA)方法开始应用于教育评价领域，但已有的研究(Thanassoulis & Dunstan，1994; Agrell，Ralph，2000；Abel，Raghu，2002)主要是运用 DEA 方法来对宏观的教育投入与产出效率进行评价，其中涉及学校绩效、院系绩效、科研绩效、政府财政资源利用效率等。应用这种方法评估投入产出效率具有很大的优势，它能够在诊断效率差异原因的基础上提供增效的途径，即通过有针对性地调整投入因素，进而达到高效的目的，因而将DEA这种方法应用于学生学习投入与产出的效率评价中依然具有很强的适用性。

现阶段的研究不仅重视大样本的定量统计技术和数学模型的采用，还关注采用个案评价的方式，通常是对投入产出效能高和效能低的学生进行比较分析，考察学习投入与产出的最佳组合，并通过教师的干预手段改变效能低的学生的投入结构，达到学生投入与产出的最佳效果。

综上所述，一方面，国外研究者主张模型建构与实践应用的有效结合，他们既关注投入与产出评价模型的理论建构，又关注学习投入干预手段的实际应用；另一方面，他们讲究定性研究与定量研究的相得益彰，既重视整体大样本的定量分析，又重视个体小样本的定性价值。无论从评价方向的角度看还是从评价方法的角度看，国外学者关于学习投入与产出的评价研究日渐呈现出整合的趋势，这一点毋庸置疑。

二、国内投入与产出的评价视角

长期以来，我国对学生的学习评价只局限在学习成绩这一产出指标上，相关的评价技术也只涉及对学习成绩简单的横向比较与纵向比较，而很少有学者关注学习投入与产出之间的关系效应。

在我国，投入与产出的评价理念最早源自于宏观教育领域对投入与产出思想的引入与探讨，这一研究起初仅注重对教师和学校投入与产出的评价，弱化了微观领域的学生学习评价。

教学评价中一个最为重要的内容就是有效性的评价，也称为效益评价。在如何评价有效性这一问题上存在着两种倾向：一种是关注学生的学习投入与学习产出关系的有效性；另一种是从教师的角度出发关注教学过程，即促进学生学习的课堂、教师的有效特征和行为。一直以来，我国的有效性评价主要采用第二种方式，即通过对课堂、教师的教学特征和行为来评估教学的有效性，侧重分析教师的“教”以及教师自身的变量特征对学生学习成绩的影响，评价最终指向于教师的教学质量。我国之所以以“评教”为重心，其原因可能在于教师在教学过程中起着主导的作用，教师的教学内容、教学方法、教学态度影响着学生的学习结果。这种以教师的“教”为主要对象的效益评价，削弱了“评学”的价值，这也恰恰从侧面反映了我国传统的教育制度忽视了学生在学习过程中的主体性与主动性。

学生的“学”不可避免要受到教师“教”的影响，但是教师的“教”却需要通过学生内部的学习过程起作用，因而二者并不是一一对应的因果关系。现代课堂教学的价值取向逐渐指向学生的主动发展，因而单纯评价教师的“教”并不是引导学生自主学习的有效途径。无论是教师的“教”还是学生的“学”，最后的落脚点都是学生的最终发展，因而评价学生的学习就显得尤为重要。

回到上述关于教学效益评价的问题上，既然第二种方式(“评教”)存在失当之处，那么就要转而尝试第一种有效性的评价方式(“评学”)，即关注学生的学习投入与学习产出关系的有效性，关注学生在学习中的各种投入，包括课堂中各种学习活动所表现出来的行为、参与热情、情感体验及思考过程等。这些学习投入指标需要通过了解学生在课堂过程中如何思考、如何讨论、如何体验以及如何行为来进行评价。

以往的研究主要关注教师对课堂的各种影响，忽视了学生在课堂学习过程中的自主性和主动性，现阶段，随着素质教育的开展与新课程理念的推进，我国学者逐渐关注对学生学习评价的研究，即“评学”的倾向日趋明显。

(一)学习投入与产出评价的研究现状

1. 学习投入与产出关系的理论探讨

我国是在20世纪90年代初引入了“增值”与“净产值”的学习评价理念，但当时这一理念并没有获得充分的发展。随着多元化评价趋势的发展以及对我国当前教育中出现的“高分低能”、“片面追求升学率”、“学生负担过重”等现象的反思，越来越多的研究者指出学生学习评价的重要性，并逐渐开始关注学习投入与产出之间的关系问题①。

在学习投入与产出关系的理论探讨方面，我国早先已有相关的评价研究指出：学生的学习成绩应依据学生的答题速度进行矫正，因为学生的答题速度反映了其知识掌握的熟练程度、思维的敏捷性与灵活解决问题的能力，因而即便考试成绩相同，但答题速度快的学生理应获得比答题速度慢的更高的评价，并提出了成绩矫正的公式：

$$S=M\times[1+(M/100)^{b}(1-a)t/T]$$

其中 M 是指百分制的卷面得分，T 是指规定的考试时间(分钟)，t 指提前交卷的时间(分钟)，a 指迅速性指数，b 指准确性指数。依据对考试的迅速性和准确

①关文信.有效教学内涵探析[J].沈阳师范大学学报，2005，29(6)：11-13.
傅禄建.教学是否有效要看教学的投入和产出比[J].上海教育科研，2007，(2)：33-34.

性要求，可以设定相应的迅速性和准确性指数，进而矫正学生的学习成绩。[①]这一评价方式蕴含了学习能力与学习速度之间的关系，即在相同成绩的情况下，所用时间越短，学习能力越强，这在一定程度上将学习效率纳入到了评价体系当中。

2002 年，我国学者张庆林在《高效率教学》中将学习效率描述为学习过程中的产出与投入之比，具体表现为学生在学习过程中的有效学习量与精力投入量之比，并将学习效率用公式形象地加以描述，即学习效率＝(学生学到的有用知识+学生形成的有用能力+学生养成的良好非智力因素)/(学生投入的学习时间×学生的脑力负担)。他还指出，高效率学习就是学生用相对较少的精力投入去获取相对较多的学习收获[②]。

更多的投入与产出关系评价研究是从经济学的角度来加以考虑的。学者杨昭宁曾对学习成本与学习收益之间的关系进行了理论性的探讨，他认为，学习成本不仅包括较为宽泛的学习努力，还包括学生经济方面的投入，如日常生活费用以及学习费用等，他将学习收益界定为学生可以意识到的显性收益以及学生没有意识到的潜在收益。[③]这一研究从较为宏观的角度来探讨学习投入与产出的关系，最重要的是，研究从经济学的意义上明确指出学习收益率与学习收益的差别，即学生的学习收益率必须要考虑学生原有的基础与学习成本。这一观点对学生的学习投入与产出评价研究无疑起到启示与借鉴的作用。学者崔卫国曾针对学习的时间投入与学习成绩之间的关系进行了微观学习领域的经济学探讨。结果表明，随着学习时间的逐渐增加，最初学生的学习成绩会呈递增趋势，当学习时间超过一定限度的时候，这种增加的趋势会逐渐递减，最终还会绝对地减少。[④]可见，学习过程中也存在着边际收益递减规律，学习时间的增加并不一定会带来学习成绩的提高。

不同的评价方式将带动不同的学习观念与行为。上述投入与产出的关系理论着重探讨学习收益率的评价问题，这一点与素质教育的理念是不谋而合的。要想找到学习投入与产出之间的最佳结合点，既应考虑经济学理论当中最佳的时间投入与合理的时间安排，也应关注学生学习过程中认知、情感等各方面投入的恰当比例。要关注学生学习的收益率，而不是仅仅评价学习的绝对效果。

2. 学习投入与产出关系的实证研究

长期以来，我国在学生的学习评价这一问题上主要采用的方法是收集某一时期学生的学习成绩以及相关信息，然后对其进行简单的差异检验或回归分析。很多研究都是对静态的数据加以解释，这种方法难以反映出学生学习的动态变化。随着投入产出理念的发展与新的评价技术的开发，投入与产出评价的方式日益呈

---

①吴也显.教学论新编[M].教育科学出版社，1991.

②张庆林，杨东.高效率教学[M].人民教育出版社，2002.

③杨昭宁.学习成本与学习收益初探——学生厌学行为的经济学视角[J].教育学报，2007，3(1)：54-58.

④崔卫国.学习投入与产出的经济学分析[J].北京理工大学学报，2000，(4)：76-78.

现多元化的趋势。现阶段，我国研究者逐渐关注横向研究与纵向研究的结合、定量研究技术与定性研究方法的结合。

当前的评价研究逐渐开始引入新的技术与方法，并将其用于建构学生学习的评价模型。其中，多层线性统计分析、层次分析与因子分析、马尔可夫链以及数据包络分析方法的运用，将量化研究和质化研究在评价过程中加以整合，这无疑推动了评价的进一步发展。

多层线性统计分析法(Multilevel Data Analysis)可以在控制起点的基础上对学生的学习成绩增量进行评价，这无疑有助于改变传统的以学生的平均成绩作为评价指标的方法。我国学者汤林春等曾对这种评价方法进行了初步的应用探索，最初的尝试采用的是二层分析模型，第一层数据是学生前后两次的测试成绩，其中第一学期的成绩作为学生的起点水平，而第二学期的成绩作为衡量学生学习的结果数据；第二层数据则是包括学生的背景信息、课堂气氛与学习主动性等内容在内的调查问卷数据。结果表明，起点不同，学生学业成绩的增值程度也是不同的。[①]与传统的评价方法相比，多层线性分析考虑了学生原有的水平，因而这种评价方法存在着更多的优势，有助于对投入与产出的学习效能评价作出更大的贡献。

层次分析法(Analytic Hierarchy Process，AHP)是一种将定性化与定量化相结合的系统分析方法。在评价模型建立过程中，因子分析有助于把复杂问题的各种因素通过划分相互联系的有序的层次使之条理化。层次分析则依据对一定客观现实的判断，就因子分析的每一层次中各因素的相对重要性给予定量化的表示，即用数学的方法确定每一层次的各个因素的权重，从而为各因素和项目的正确评价提供科学的依据。我国的教学评价更多的是将层次分析方法应用于教师的教学质量评价，而未曾将之应用于学生学习投入与产出指标权重的建构。

马尔可夫链(Markov Chain)是建立在随机过程基础上的数学模型，它能够在评价中得以广泛应用的原因就在于它考虑到评价结果要消除原有基础的差异，而且适用于纵向的评价。我国当前的效率评价主要是针对教学质量的评价，而教学质量的高低多以学生的学习成绩为标准，试想，如果单纯考虑学生某次测验的班级平均成绩，并以此来评判教师的教学质量，那么我们能够因为“尖子班”学生的学习成绩显著高于“普通班”，就认定“尖子班”教师的教学质量显著高于“普通班”教师吗？很显然，这是有失公允的，因为这种评价方式忽视了学生的基础水平。合理的评价应该既考核学生的学习结果又要结合学生的基础差异，这类研究大多采用了齐次马尔可夫链的数学方法，它的优势就在于将学生原有的学习成绩与教师施教后的成绩加以对比，通过状态转移矩阵来考察教师教学的有效性，但目前的研究所依靠的评价结果主要是学生的学习成绩，忽视了对学生多方面能力的评价。

---

①汤林春，梁玲玲. 学校效能评价的尝试[J].上海教育科研，2005，(4)：24-26.

数据包络分析(DEA)方法是由美国的运筹学家查姆斯和库帕(A. Chames & W. W. Cooper)于1978年提出的一种非参数的相对效率的评价方法，它是一种对若干具有同类型的多输入与多输出的决策单元进行相对效率比较的有效方法。1988年，我国运筹学家魏权龄向国内系统介绍了这一方法，它主要采用数学规划的模式，利用观察到的样本数据资料，对决策单元进行相对有效性的评价。目前，DEA方法已在国内的教育评价领域中获得了一定程度的应用，有的研究运用DEA方法对我国宏观教育领域中的投入与产出效率进行了分析与评价①，也有研究将DEA方法运用到具体的课程教育效益评价当中②。就微观的学习领域而言，学生的学习过程可以看作是一个投入与产出系统，无论是学生投入的因素还是产出的因素都是多方面的，而DEA方法具有处理多投入与多产出问题的能力，因而运用这种方法对学生的投入与产出学习效率进行评价具有绝对的优势。在学习投入与产出方面，我国学者程利军曾把学生原有的知识基础作为投入的指标，把随后的学习成绩作为产出指标，即基于学生入学时的基础来评价入学后学习的相对有效性。③学者王香柯等经过分析选取了学习投入的七个指标，即入学的课程成绩、课前预习时间、听课时间、听懂的百分率、课后复习时间、作业分数、看相关课程的课外辅导书时间，而学习产出则以学生的期末成绩作为指标，据此对学生的学习进行数据包络分析。④利用数据包络模型进行的评价并不是单纯根据学生的学习成绩来判定学习情况，而是对影响学生学习的各个环节综合加以考虑，利用模型计算出各个参与学生的学习效率值并进行对比分析，从而对非DEA有效的学生提供诊断性的评价与有效的干预措施，帮助其有针对性地提高学习效率。这种评价学习相对效率的研究方法大大开拓了学习投入与产出的研究前景。

(二)学习投入与产出评价的发展趋势

由于素质教育与创新能力发展的迫切需要，我国教学领域内的评价出现了多元化发展的趋势，很多研究者对这种多元化的发展作了系统性的梳理⑤，这对学习投入与产出评价的发展具有重大的理论价值与实践意义。

1. 评价指标的多元化

从产出的视角来看，学习评价所关注的产出指标由认知逐渐向包括认知与非认知在内的多元化指标转变。传统的学习产出指标主要关注知识的掌握，强调认

---

①刘亚荣.我国高等学校办学效率评价分析[J].教育与经济，2001，(4)：31-36.
陈通，白建英.西部地区高等教育投入产出相对有效性的评价研究[J].西北农林科技大学学报，2003，3(2)：102-105.
郭新立.基于DEA的学科有效性评价[J].中国管理科学，2003，11(6)：78-81.

②窦爱女.教师教学效益的DEA评价[J].培训与研究——湖北教育学院学报，2003，20(2)：66-67.
贾微.网络课程教育综合效益评价研究[D].硕士论文.大连理工大学，2006.

③程利军.评价学习成绩相对有效性的数学模型[J].滨州师专学报，1999，15(4)：27-29.

④王香柯，王金柱.基于数据包络分析模型的学习效率评价研究[J].陕西教育学院学报，2002，(1)：66-68.

⑤章谋斌.论教育评价理论与实践的基本走向[J].湖北广播电视大学学报，2006，23(6)：148-149.
杨成青.教学评价研究的发展趋势[J].黑龙江教育（高教研究与评估），2007，(3)：76-78.

知领域的学习结果，而新课程理念下的学习评价要求关注学生的全面发展，不仅包括知识、能力等认知领域的内容，还涉及学生的学习兴趣、身心健康等非认知领域的学习产出指标。我国学者张庆林曾指出：学生学习过程中的产出不是指眼前考了多少分，而是从终身发展的眼光来看，学生掌握了多少终身有用的知识、发展了哪些终身受用的能力和培养了哪些非智力的人格特征①。学者汤林春也指出不仅应关注“即时的学习产出”，还应探讨学生“长期的学习产出”，也就是从学生的终身发展能力与幸福角度来考虑的产出②。我国的新课程标准将学生的学习目标分为结果性目标与体验性目标，结果性目标主要涉及认知领域的学习结果，而体验性目标主要反映学习兴趣与态度等情感领域的学习结果。这些评价都主张突破原有的以学习成绩为主要指标的评价方式，有助于改变以牺牲学生的全面发展而片面追求升学率的教育现象。

从投入的视角来看，针对我国学生学习的实际问题，即学习时间长、学业负担重等现象，更多的研究指向学习的时间投入。我国学者白益民与施如铁先后在借鉴国外学习时间投入与学习产出的关系模型的基础上，对我国学生的学习时间投入现象进行了分析与理论探讨，并据此提出了学业负担模型与相应的“减负”对策③。我国学者张庆林在《高效率教学》一书中指出：学生投入不仅仅是时间因素，还要看学习在单位时间内的脑力负担(或认知负荷)。可见，学习时间的投入只是学生学习投入的一个方面，即使学生的学习时间相同，学习负担与学习结果也大有不同，这就涉及学习时间投入的主动性和被动性的问题，毫无疑问，要探讨学习的主动性与被动性就要关注更深层次的认知与情感投入。减轻学生的学习负担不仅仅是指减轻过重的时间负担，更重要的是减轻学生的脑力负担与心理负担。针对这一问题，我国学者孔企平在分析国外“学习投入”理念的基础上，对“学习投入”的内涵与结构进行了明确的界定，他认为，学习投入既应包括学习行为的投入(学习时间与行为表现)，也应涉及认知投入与情感投入，即要考察学生的学习投入就要关注学生的认知、情感与行为投入三大方面④。

2. 评价目的的过程化

我国新课改中明确指出：要改变评价过分强调甄别与选拔的功能，发挥评价的教育功能，促进学生在原有水平上的发展，即对学生的学习进行诊断，进而引导其进一步的发展。新课改中所提倡的学习过程评价突破了传统的结果评价，使学习评价的功能更为多元化，不仅注重对学习结果产出的评价，还关注对学习过程投入的评价，这种投入与产出的评价模式不仅可以反映学生在学习活动中的主体性，而且可以为低效学习的诊断提供反馈信息，从而有效地提高学习投入与产

①张庆林，杨东.高效率教学[M].人民教育出版社，2002.
②汤林春.试论学校效能评价的发展[J].教育发展研究，2005，(22)：64-69.
③白益民.学习时间与学习结果关系模型研究述评[J].外国教育研究，1999，(6)：1-7.
施如铁.学业负担模型与“减负”对策[J].教育导刊，2002，(Z1)：42-45.
④孔企平.“学生投入”的概念内涵与结构[J].外国教育资料，2000，(2)：72-76.

出的效率，充分发挥过程评价的诊断性功能。

随着评价技术的开发，多层线性分析模型、结构方程模型以及数学模型逐渐开始应用于学习评价研究，这些先进的评价技术有利于全面客观地了解学习投入与产出的有效性。其中，结构方程模型有助于建构学习投入与学习产出之间的关系，多层线性分析有助于在控制学生起点水平的基础上探讨学习投入对产出的增值效果，而数据包络分析等数学模型则有助于对学生学习的投入与产出效率进行相对性评价，并对低效学习者的投入与产出关系进行诊断。这一系列评价方法的进展对学生学习投入与产出的评价无疑具有巨大的应用价值。

综上所述，相对于学习评价多元化的理论取向，我国当前对学生学习投入与产出的评价研究还相对较少，多处于探索阶段，且新技术在学习评价研究中还未得到广泛而有效的应用。尽管如此，我们也应该看到我国学习投入与产出的评价研究已获得了一定程度的发展，而现代评价技术的不断进步也为学习投入与产出的效率评价提供了有效的手段与可能性。考虑学习投入与产出的相对关系是学习评价研究的一个新的取向，这也为素质教育的有效实施提供了导向。

写在篇前的话

近年来，素质教育成为我国教育改革的一大热门话题，全国各级各类的学校都在进行着积极的尝试。基础教育新课程改革试行纲要中明确指出，不仅要评价学生的学业成绩，更要关注学生多方面潜能的发展。[①]单纯依靠学业成绩作为评价指标必然导致学生负担过重这一顽症的屡治不愈，严重影响学生的全面发展。要保证素质教育的实施，必须要对学生的学习进行全面的考察，只有这样，素质教育才能真正落到实处，这是教育原本的职能，也是基础教育课程改革的基本要求。素质教育的目标应该是培养学生所应具备的综合素质，而不仅仅是某一方面的素养。那么“综合素质”究竟指的是什么？简单来讲，指的就是学生所应具备的核心素质。由于不同学习阶段、不同学科类别的学生所应具备的核心素质有所不同，因此建立不同学生的素质体系就显得尤为必要。学生素质教育的基本前提在于建立学生应具备的核心素质体系，这一体系中的指标要素将直接决定着学生素质教育的培养理念、培养目标、培养模式、培养方案等。如果对学生所应具备的核心素质都无法达成共识，那么，将无法设计有针对性的培养目标、培养模式与课程设置，所谓的素质教育也就无从谈起。

目前，关于学生素质体系的研究不少，且逐渐呈现专门化的趋势，如初中生品德测评体系的建构、高中生学业成就体系的建构、医学生学业成就体系的建构、医学生临床技能体系的建构、医学生人文素养体系的建构等，但是，我国学者郑学宝等也指出了当前研究所存在的问题。一是研究多采用定性描述的方法，缺乏定量分析，素质要素的界定缺乏数据支撑，科学性与准确性不够；二是研究较为零散，不够系统，素质要素的界定模糊且不相一致，信度、效度与区分度难以保证；三是研究重视学生的外显特征与行为的考察，忽视了内在特征与行为的测评，对学生发展潜能的预测性较差[②]。

针对当前研究的种种不足，素质评价体系的建构逐渐呈现出新的导向。一是将数学模型引入到评价体系的建构中，通过因子分析与结构方程模型的运用为素质要素的界定提供数据支撑，并检验其信度、效度与区分度；二是将心理过程纳入到评价体系的建构中，通过认知因子与情感成分的设计来提高素质要素的全面性与预测性。

---

①钟启泉等.为了中华民族的复兴 为了每位学生的发展——《基础教育课程改革纲要（试行）》解读[M].上海：华东师范大学出版社，2001.

②郑学宝，孙健敏.大学生能力素质模型建立的思路与方法[J].华南师范大学学报（社会科学版），2005，(5)：145-147.

第三篇　从投入与产出的视角看学习评价的体系设计——以中学生为例

一、新视角下学习评价的产出体系设计

所谓学习产出指的是学生通过学科学习后所获得的知识、能力、态度体验以及生理等方面的发展状况，这些发展状况可以通过学生的学科成绩及对学生的日常观察、问卷调查等反映出来。当然，学生的学习产出既表现为即时的成效，又体现为长期的缓慢变化，因此，在即时评价与长期评价过程中，评价指标的选取应有所不同。

我国新课程改革的基本目标是推行素质教育，所谓素质教育是指全体学生全面提高思想道德、文化科学、劳动技能和身体、心理素质。基于素质教育对学生多方面素质的要求，“综合素质”一词已经在日常对话与研究文献中广泛使用，但是学术界并未对其确切的内涵与构成成分达成统一的认识。不同研究者所构建的综合素质指标体系各有不同，其中包含的指标维度涉及道德品质、学习能力、合作沟通、体育与健康、审美情趣、综合实践活动、科学实验操作等。我国学者赵德成指出，某些地市在综合素质评价指标体系中设计的“普通话”、“英语口语交际”等维度或指标基本上属于学科教育目标的范畴，可以在相应的学科测验中加以测评，把它们从学科测验中分离出来并放在综合素质评价体系之中，就使得综合素质和学科素质之间的关系变得混乱且难以区分。①

此处的“学习产出”与通常意义上的“综合素质”不同，“综合素质”涉及个体道德、情感、意识、智慧、身体等多方面的要素，外延十分广泛，而“学习产出”从狭义的角度将焦点放在“某一阶段学科学习后学生有关方面的发展状况”，仅限于阶段性学科学习的短期成效。

我国有很多研究者致力于学生学习评价指标体系的建构，虽各有侧重，却存在着一致公认的评价指标。学者张春梅等将学生的综合评价指标归为思想道德素质、专业素质、人文素质、创新素质、身心素质五因子，其中专业素质主要涉及学习成绩、学习能力、学习态度等；②“北京市中小学学生发展评价体系研究”课

---

①赵德成.初中毕业生综合素质评价实践的问题与思考[J].中国教育学刊，2007，(7)：49-52.

②张春梅，梁治安，张露，高飞.用层次分析法对学生进行综合评价[J].数学的实践与认识，2007，37(10)：1-7.

题组将中小学生发展的基础评价指标归为思想道德、学业成就、身体健康、心理健康四因子，其中学业成就包括知识技能、学习能力、学业情感三项指标。①多数研究者将思想道德、学业成就、身心健康视为学习评价的基本指标。但是，已有的体系建构多采用定性研究的方法，缺乏定量数据的支撑。

为了从“质”与“量”相结合的视角建构中学生学习产出的指标体系，对来自南京、安徽等地的12名教育工作者进行团体焦点访谈，其中包括4名中学教师、3名中学校长及5名教育心理学专家。访谈的主题为“如果要对中学生半个学期或一个学期的阶段性学习结果进行评价，您认为应评价哪些方面的内容？”访谈开始前，先向访谈对象介绍此次团体焦点访谈的目的与要求，然后请大家对访谈主题进行分析与讨论。团体焦点访谈时间约为3个小时，由主试对访谈过程进行现场录音与记录。访谈结束后，对录音材料进行转录、阅读、关键词提取、归类、频数登记，并加以分析，提取中学生学习产出的评价指标。

在对原始材料进行转录与阅读的过程中，将团体焦点访谈中的录音材料逐字逐句转换成文字材料。通读所转录的文本材料，寻找其中所含的意义和结构。阅读后发现，访谈对象对中学生学习产出的评价指标涉及基础知识(学习成绩)、学习能力、态度体验、体质健康、心理健康、思想道德六个方面，其中描述能力的词汇较多，关注的程度较高，涉及的内容也较为具体。在对关键词进行统计的过程中，从文本材料中提取关键词，根据评价指标所涉及的六个方面将关键词归类，对于关键词在原始材料中出现不止一次的，加以标示，以累计频次(表3-1)。分析登录结果，提取评价指标，具体原则为：一是指标的量化提取，即选取25%以上的被试均提及的内容作为评价指标；二是指标名称的形成，即采用新课程改革纲要中有关内容的表述方式并由专家加以评定，形成评价指标的名称。

表3-1　学习产出评价指标的结果频次统计

指标	人次	频次
基础知识	12	26
学习能力	12	41
态度体验	10	17
体质健康	5	12
心理健康	2	5
思想道德	1	3

根据对访谈资料的分析，结果发现评价指标中的心理健康与思想道德两项没有满足指标量化提取的要求，删除这两项，保留基础知识(学习成绩)、学习能力、

①张爱兰.中小学学生发展评价体系研究——北京市中小学学生发展评价方案简介[J].中小学管理，2005，(8)：35-38.

态度体验、体质健康四因子作为中学生学习产出的评价指标。由于此处的“学习产出”界定为某一阶段学科学习后学生的发展状况，而思想道德、心理健康在短期内变化不大，因而这一指标体系仅局限于学生学习的短期评价，与长期评价的指标存在差异，这一点符合学者们对评价指标体系建构的基本理念。

(一)学习成绩的指标体系

长期以来，我国对中学生基础知识的测查最为直接、有效的方式就是通过考试获取学生的学习成绩，不论如何改革，考试成绩都是中学生学习评价不可缺少的组成部分。考试成绩之所以被众人认可，其原因在于定期的笔试测验多是测查基础知识的掌握情况，采用这种方法评定学生的学习既客观又便捷，而且对于评价学生短期的学习成效具有一定的公正性，毫无疑问，这应作为评价学生学习产出的重要指标。

中国的考试制度一直饱受诟病，“片面追求升学率”与“应试教育”的质疑声接踵而至，但是，即便如此，我们也不能忘却历史上废除考试制度后所带来的严重弊病，推荐制度与保送制度所造成的异化现象只能使后门成风，人才断流。在重人情关系的中国文化环境中，只有公正的测试才能正确地选拔人才。我们要客观、现实地看待中国的考试制度，改革不是扼杀考试制度，而是最大限度地发挥其积极的导向功能。只要目标正确、内容合理、命题科学、评分标准，那么考试制度就可以将学生引向身心健康发展的方向，从而发挥积极的作用。

以语文与数学成绩测验为例。语文测验是指按照一定的测验目的和要求，采用比较科学、客观的测验方法，对学生的语文知识和能力进行的测试。如果要测量学生的识字、阅读和说话能力，可以采用单字测验、注音测验、阅读测验、词语解释测验、说话测验等；如果要测量学生的写作能力，可以采用作文测验等；如果要全面测量学生的语文学习，可以采用语文综合测验等。现阶段，从中国实际出发，探索适合于语文学科特点的标准化考试方法已成为语文考试改革的总方向，在此基础上，语文成绩测验呈现出了一些新的特点，如拓宽知识覆盖面、突出读写速度、提高试题客观性、注重语文能力的考察等。这一系列的措施改变了传统语文测验的弊端，突破了对基础知识的简单识记，将理解、应用、评价的语文能力要求纳入到学科教育目标体系中，基本上反映了学生整体的语文知识与语文能力。美国学者威尔逊(J. W. Wilson)在《中学数学学习评价》一书中编制了一个新的数学学业成绩评价体系，他认为，数学学习目标可分为四级：计算、领会、应用、分析。当前，我国对学生数学成绩的测验注重考察数学双基(基础知识与基本技能)与数学能力，这一措施突破了最简单的计算要求，将领会、应用、分析的数学能力要求纳入到学科教育目标体系中，力求全面科学地反映学生整体的数学双基与数学能力。

在编制学科测验的过程中，正确地理解与界定“学科教育目标的范畴”尤为重要，正如学者赵德成所述，学科教育目标就应该在相应的学科测验中加以测评，若把基本的学科能力从学科测验中分离出来，如语文能力与数学能力，并将之放在综合素质评价体系中，难免会让整个评价系统的建构变得混沌不清。

(二)学习能力的指标体系

学科测验的成绩虽在一定程度上反映了学生的基础知识获得水平，但这并不能代表学生的各项能力也获得了相应的发展。根据布卢姆的认知领域教育目标的分类，学生的认知目标包括六个层次：知识、领会、运用、分析、综合与评价。学生的学科测验成绩可以反映学生的记忆与低层次的理解水平，甚至可以在一定程度上反映学生将已有知识迁移到新情境中的认知水平，但却较难反映那些在学科之外比应用水平更高的认知能力，如分析、综合与评价的认知水平。

在当前的教育领域中，学业能力倾向测验正以其独特的功能在学生的学习辅导和学业发展咨询中发挥着巨大的作用。学业能力倾向测验是指学生为完成学校课业学习所必须具备的能力，这些能力与学生未来的学习关系密切并能够预测学生在新的学习情境中成功的可能性。近年来，西方一些心理测量专家更强调能力倾向测验与成就测验的共同之处，他们认为二者皆是已获得的技能，主张以“已发展的能力(developed ability)”模糊对学业能力倾向测验与成就测验的界限。这种将学业能力视为“已发展的能力”的思想映射了学业能力的目标性，即学业能力不单单是预测学生学习成绩或学生在新学习情境中获得成功可能性的因素，而且还可以作为教育中的一项培养目标。现阶段有关学业能力倾向测验的研究主要分析的是学生的学习活动，它把与学习关系最密切的能力因素作为测验的内容，[①]这与很多学习评价者的思想不谋而合。张春梅、梁治安等在建构学生学习评价指标体系的研究中将学习能力视为一项重要的评价指标，这种学习能力往往是在学科学习过程中发展起来的相关能力。

长期以来，我国教育心理学工作者对中学生学科学习中所要求的能力结构做了大量的研究，如语文阅读能力结构的研究、数学能力结构的研究、英语阅读能力结构的研究、物理抽象思维能力的研究等等，[②]从文献检索中可以看出，这些关于能力结构的研究皆集中于某一特定的学科。学者赵德成曾指出，通常意义上的

①张月娟.中学生学习能力倾向测验的初步编制[D].博士论文，中南大学，2002.

②莫雷.初中三年级学生语文阅读能力结构的因素分析研究[J].心理学报，1990，(1)：41-50.

莫雷.中小学生语文阅读能力结构的发展特点[J].心理学报，1992，(4)：346-354.

孙敦甲等.中学生数学能力发展的研究[J].心理发展与教育，1992，(4)：52-58.

段蕙芬，蒋子诚，梅卫国.中学生英语阅读能力结构及其发展初探[J].心理科学，2000，23(5)：547-551.

胡卫平.中学生物理抽象思维能力的结构模型初探[J].学科教育，1996，(12)：28-31.

胡卫平，冯国雷.高中生物理抽象思维能力发展研究[J].心理发展与教育，1999，(2)：43-46.

综合素质指的是学科测验所不能体现的其他各种素质的总和，评价学生的综合素质必须将具体的学科指标剥离开来。[①]如果要对学生的学习能力进行评价，首先必须要抽取出具有普遍意义而非局限于某一学科的能力结构。

我们认为，学习能力应具备以下特征：一是学习能力必须对学生的长远发展产生积极的影响并能够通过学生的学习获得发展；二是当论及学生的学习能力时，所指向的应是学生最佳的表现，即在具有挑战性的学习任务上的表现；三是学习能力应是从学生共同的学科学习活动或过程中概括出来的，它所涉及的心理品质与行为方式应能够反映出“发展”背后所隐含的一致性与连续性。简言之，学习能力是学生经过学科学习后能够得以发展的、与学习关系密切的、具有普遍意义的相关能力。依据这一概念的界定，我们采用理论分析与数据支撑相结合的方法来建构中学生学习能力的评价指标体系。

1. 学习能力项目的探讨

(1) 项目的编制

采用开放式问卷调查与团体焦点访谈的方法，结合检索到的相关文献，收集与编写有关中学生学习能力的初始项目，提出中学生学习能力结构的理论构想。

开放式问卷调查：对象为 146 名中学生(其中初二 35 人，初三 38 人，高一 40 人，高二 33 人；男生 57 人，女生 89 人)，问卷内容涉及被试对学习能力的理解、对学习能力重要性的认识、对学习能力具体表现的描述等。结果发现，绝大多数中学生能够正确理解学习能力并认识到学习能力的重要性。

团体焦点访谈：对象为 30 名中学教师，访谈时分为两组，每组 15 人，分别在两个会场进行，各由一名主试与一名助手主持。访谈的主题为“如果要对中学生学科学习后能力的发展状况进行评价，您认为应评价哪些内容，具体表现在哪些方面？”访谈开始前，先由主试向访谈对象介绍此次团体焦点访谈的目的与要求以及学习能力的概念界定，然后请大家对访谈主题进行分析与讨论，时间约为 1.5 小时，由主试对访谈过程进行现场录音与记录。

经过对开放式问卷调查与团体焦点访谈的结果进行分析，结合中学生学习能力的相关文献，并参考已有研究者的思想，我们提出了中学生学习能力结构的理论构想，初拟定语言表达、知识理解、问题解决与自主学习四个维度，经过仔细分析、认真推敲、严格筛选，形成了测查各个维度的项目。所有项目经由专家研讨后，对表述不清的部分作以删改、调整，最终形成中学生学习能力的初始指标体系。该体系共 70 个项目，分正反题，均采用 5 点计分的方式进行评定，从完全不符到完全符合依次计 1～5 分，正题选“5”计 5 分，选“1”计 1 分，反题反之，得分越高表明学习能力越强。

[①]赵德成.初中毕业生综合素质评价实践的问题与思考[J].中国教育学刊，2007，(7)：49-52.

(2)项目的施测

为了考察项目结构的合理性并筛选项目，选取南京市两所普通中学的初、高中生进行预测，发放问卷350份，回收337份，删除无效问卷28份，有效问卷为309份，有效率为91.7%，被试的基本情况见表3-2。

表3-2 预测被试的基本情况

被试		年级				合计
		初一	初二	高一	高二	
性别	男	36	31	51	61	179
	女	24	34	46	26	130
合计		60	65	97	87	309

以班级为单位进行团体施测，施测过程采用统一的指导语，主试事先已经过培训。对回收的309份有效数据运用SPSS for Windows 11.5进行统计处理。

(3)项目的分析

首先，对70个项目进行区分度分析，采用区分度较高的相关法计算区分度，所得鉴别指数见表3-3。

表3-3 中学生学习能力预测项目鉴别指数(n=309)

项目	D	项目	D	项目	D	项目	D	项目	D
y1	0.38	y15	0.65	y29	0.60	y43	0.62	y57	0.64
y2	0.59	y16	0.71	y30	0.62	y44	0.69	y58	0.62
y3	0.55	y17	0.63	y31	0.59	y45	0.68	y59	0.36
y4	0.53	y18	0.71	y32	0.37	y46	0.62	y60	0.24
y5	0.60	y19	0.67	y33	0.38	y47	0.66	y61	0.17
y6	0.27	y20	0.58	y34	0.40	y48	0.58	y62	0.38
y7	0.60	y21	0.65	y35	0.43	y49	0.59	y63	0.14
y8	0.61	y22	0.66	y36	0.36	y50	0.60	y64	0.17
y9	0.62	y23	0.59	y37	0.34	y51	0.47	y65	0.54
y10	0.40	y24	0.59	y38	0.63	y52	0.04	y66	0.58
y11	0.38	y25	0.63	y39	0.31	y53	0.56	y67	0.64
y12	0.65	y26	0.60	y40	0.65	y54	0.11	y68	0.45
y13	0.65	y27	0.55	y41	0.20	y55	0.17	y69	0.65
y14	0.63	y28	0.27	y42	0.46	y56	0.63	y70	0.23

根据心理测量学的一般原理，若项目鉴别指数D≥0.40，则被认为区分度很好；若0.30≤D＜0.40，则区分度较好；若0.20≤D＜0.30，则区分度尚可；若D＜0.20，则区分度差。我们遵循严格筛选的原则，将低于0.40的项目都予以删除。结果显示，

y1，y6，y11，y28，y32，y33，y36，y37，y39，y41，y52，y54，y55，y59，y60，y61，y62，y63，y64，y70 这 20 个项目的鉴别指数均小于 0.40，删除后剩余 50 个项目。

其次，为了考察项目的结构，对剩余的 50 个项目进行因子分析。

运用 KMO(Kaiser-Meyer-Olkin)统计量检测各项目是否适合进行因子分析。Kaiser 给出了一个 KMO 的度量标准：0.9 以上非常适合作因子分析，0.8 较为适合，0.7 一般，0.6 不太适合，0.5 以下不适合。通过对有效数据进行检验，结果得出 KMO 值为 0.957，这表明该数据非常适合作因子分析。

对学习能力的 50 个项目进行探索性因素分析，采用主成分分析法，限定 4 个因素，运用方差最大法进行正交旋转。结果显示，4 个因素的累积贡献率为 51.362%。进一步分析发现，问题解决与自主学习两个维度的结构较为清晰，知识理解这一维度融入了部分言语组织的项目，而第四个维度的项目分布较为散乱，删除测量第四个维度的 y10，y34，y35，y42，y68 这 5 个项目，同时删除负荷小于 0.40 和交叉负荷较高的 9 个项目 y16，y21，y22，y23，y25，y30，y46，y51，y65，对剩余的 36 个项目进行限定 3 个因素的正交旋转。结果显示，3 个因素的累积贡献率为 53.053%，项目负荷均在 0.41～0.78 之间(表 3-4)。

表 3-4　中学生学习能力各项目的因子负荷矩阵(n=309)

项目	因子		
	因子 1(理解组织)	因子 2(问题解决)	因子 3(自主学习)
y5	0.726		
y4	0.724		
y3	0.694		
y24	0.638		
y20	0.630		
y13	0.622		
y9	0.613		
y2	0.596		
y48	0.572		
y66	0.489		
y38	0.409		
y27		0.694	
y12		0.681	
y15		0.675	
y26		0.633	
y8		0.627	
y7		0.597	
y18		0.572	
y14		0.567	
y58		0.565	
y31		0.543	

续表

项目	因子		
	因子 1(理解组织)	因子 2(问题解决)	因子 3(自主学习)
y40		0.535	
y29		0.533	
y56		0.508	
y43			0.776
y53			0.769
y45			0.713
y57			0.700
y69			0.678
y67			0.667
y47			0.601
y49			0.593
y44			0.593
y19			0.571
y17			0.558
y50			0.541

依据探索性因素分析的结果，将原构想的知识理解维度调整为理解组织维度，去掉语言表达这一维度，也就是说，将原构想的中学生学习能力四因子结构调整为三因子结构，包括理解组织能力 11 个项目、问题解决能力 13 个项目、自主学习能力 12 个项目，共 36 个项目。

2. 学习能力因子的确定

为了确定中学生学习能力结构调整后的合理性，并检验项目的可靠性与有效性，我们依据探索性因素分析的结果以及有关的理论构想，对中学生的学习能力结构进行验证性因素分析。

(1)研究对象

选取南京市某普通中学的初、高中生进行正式施测，发放问卷 380 份，回收 363 份，删除无效问卷 19 份，有效问卷为 344 份，有效率为 94.8%，被试的基本情况见表 3-5。

表 3-5 被试的基本情况

被试		年级				合计
		初一	初二	高一	高二	
性别	男	49	42	57	39	187
	女	59	17	46	35	157
合计		108	59	103	74	344

(2)研究工具

中学生学习能力项目。测查理解组织、问题解决、自主学习能力的 36 个项目。

班级学生学习能力评定表。提供给被试一份班级学生名单，请被试依据 5 点量表评定各学生的理解组织、问题解决、自主学习三方面能力，由低到高依次记 1～5 分。

(3)项目施测

中学生学习能力项目以班级为单位进行团体施测，施测过程采用统一的指导语，主试事先已经过培训。

选取四个班级的中学生，他们在完成学习能力项目的同时，接受班主任与两名任课教师对其理解组织、问题解决和自主学习三方面能力的评定。

(4)数据处理

对回收的有效数据运用 SPSS for Windows 11.5 进行数据录入与统计处理，采用 AMOS 5.0 进行验证性因素分析。

(5)结果分析

1)验证性因素分析：针对中学生学习能力的 36 个项目，采用极大似然估计，对构想的三因素模型进行验证性因素分析。模型各拟合指数为 $\chi^2/df=2.140$，GFI＝0.831，CFI＝0.897，NNFI＝0.890，RMSEA＝0.058，RMR＝0.047。对该模型进行修正，去掉交叉负荷较高的项目 y19，对剩余的 35 个项目进行验证性因素分析，模型各拟合度均有所提高，$\chi^2/df=2.017$，GFI＝0.861，CFI＝0.910，NNFI＝0.903，RMSEA＝0.054，RMR＝0.043，可以看出，各拟合指数均达到了可以接受的水平。所有项目的标准化负荷皆在 0.44～0.80 之间(表 3-6)，达到了心理测量学的要求。

表 3-6　中学生学习能力三因子负荷矩阵($n=344$)

项目	因子		
	因子 1(理解组织)	因子 2(问题解决)	因子 3(自主学习)
y15	0.760		
y16	0.711		
y3	0.699		
y9	0.681		
y7	0.648		
y4	0.620		
y2	0.602		
y27	0.558		
y21	0.532		
y1	0.527		
y34	0.515		
y5		0.725	
y31		0.709	

续表

项目	因子		
	因子1(理解组织)	因子2(问题解决)	因子3(自主学习)
y18		0.703	
y11		0.672	
y6		0.672	
y10		0.668	
y33		0.662	
y22		0.661	
y13		0.635	
y20		0.633	
y8		0.632	
y17		0.630	
y30			0.792
y36			0.744
y23			0.734
y25			0.722
y26			0.679
y35			0.670
y32			0.661
y29			0.658
y12			0.655
y14			0.621
y28			0.616
y24			0.442

2)信度分析：采用 Cronbach α系数和分半信度系数对中学生学习能力三个维度的内部一致性信度进行检验。结果显示(表 3-7)，中学生学习能力三个维度及总指标的内部一致性系数和分半信度系数均在 0.85 以上，均达到了心理测量学的要求，表明项目的信度较好。

表 3-7　中学生学习能力项目的信度分析结果

名称	Cronbach α系数	分半信度系数
理解组织能力	0.89	0.87
问题解决能力	0.92	0.91
自主学习能力	0.92	0.90
总指标	0.96	0.90

注：分半信度系数取 Spearman-Brown 校正系数，下同。

3）效标效度分析：四个班级的中学生在完成学习能力项目的同时，分别接受了三位任课教师对其学习能力的评定。评分者的一致性信度分别为 0.94、0.92、0.87、0.80，以各班三位教师评定分数的平均分作为中学生学习能力的他人评定分数，将四个班级的学生按他人评定分数排序，取各班前 27%为高分组，后 27%为低分组，其他为普通组。以学生所属组别为自变量，以学习能力三个维度的得分为因变量，进行单因素多元方差分析。结果表明，被试组间主效应非常显著，$F=5.576(P<0.01)$。单变量 F 检验(表 3-8)表明，被试在学习能力三个维度上均存在着显著的组间效应，说明中学生学习能力项目具有较好的效标效度。

表 3-8 不同他评组别的中学生学习能力各维度平均数的差异检验($n=100$)

组别	理解组织能力	问题解决能力	自主学习能力
高分组	3.61±0.52	3.57±0.66	3.62±0.78
普通组	3.47±0.56	3.31±0.69	3.32±0.65
低分组	3.21±0.62	3.01±0.63	3.15±0.47
F	3.089^{*}	4.321^{*}	3.413^{*}

* $P<0.05$，** $P<0.01$，*** $P<0.001$，下同。

4）结构效度分析：根据探索性因素分析的结果，对中学生学习能力的 36 个项目进行验证，修正后的模型删除了 1 个项目，更好地拟合了理论模型，即中学生学习能力的三因子理论模型，包括 11 个理解组织能力项目、12 个问题解决能力项目和 12 个自主学习能力项目。

在此基础上，考虑等值模型的存在，通过对学习能力三个因子的相关关系进行分析(表 3-9)，结果发现，学习能力三个因子之间存在着显著的高相关，可以考虑将这三个因子合并为一个因子，作为一个可比较的模型。

表 3-9 中学生学习能力各维度的相关

维度	理解组织能力	问题解决能力	自主学习能力	总体学习能力
理解组织能力	1．000			
问题解决能力	0.628^{***}	1.000		
自主学习能力	0.611^{***}	0.608^{***}	1.000	
总体学习能力	0.845^{***}	0.869^{***}	0.871^{***}	1.000

我们设置两个假设模型：模型 1 是单因子模型，即将中学生的理解组织能力、问题解决能力、自主学习能力合并为一个学习能力因子；模型 2 为原拟定的假设模型，即依据探索性因素分析得出的三因子模型。

结果显示，模型 2 的各项指标均明显优于模型 1(表 3-10)。模型 2 的 χ^2/df 指标为 2.017，表明观测数据与该模型拟合度很好；GFI、CFI、NNFI 指数越接近 1 表明拟合程度越好，模型 2 这几个指标数值明显高于模型 1，且均达到了可接受的标准；RMSEA 和 RMR 两个指标数值则是越小越好，模型 2 的这两个指标均小于 0.08，而模型 1 的 RMSEA 指标大于 0.08，表明模型 2 的拟合效果较为理想，即中学生学习能力的三因子结构模型更为合理，这也表明中学生的学习能力项目具有较好的结构效度。

表 3-10 两种理论模型的验证性因素分析各项指标的比较（n=344）

	χ^2	df	χ^2/df	GFI	CFI	NNFI	RMSEA	RMR
模型 1	2300.322	560	4.108	0.607	0.722	0.705	0.095	0.071
模型 2	1123.546	557	2.017	0.861	0.910	0.903	0.054	0.043

3. 学习能力结构的分析

对中学生的开放式问卷调查与对中学教师的团体焦点访谈是收集学习能力项目、探讨学习能力因子的基础，这两项工作为提出中学生学习能力的理论构想提供了重要的依据，有助于使各个项目更为符合中学生的学习实际。在取得第一手资料的基础上，结合布卢姆对认知领域教育目标的分类，我们提出了中学生学习能力结构的理论构想。通过对预测数据进行探索性因素分析，对构想的结构进行了调整。原构想的语言表达维度未能得到探索性因素分析的支持，该维度中部分项目在原构想的知识组织这一维度上均有较高的负荷（为了达到凸显具体内容的目的，我们将这一调整后的维度称为理解组织能力），出现这一结果的原因可能在于良好的语言表达能力必须要以较强的理解组织能力为基础，而语言表达能力只是知识理解与组织能力得以体现的方式或途径。通过对正式施测数据进行验证性因素分析，结果支持了调整后的学习能力三因子结构。测量学分析结果也表明，各项目具有较为理想的信度与效度。

通过探索性与验证性因素分析，中学生学习能力的三因子结构，即理解组织能力、问题解决能力、自主学习能力得以建立。具体来讲，理解组织能力指的是学生在知识理解与整合的速度、深度与广度方面的能力；问题解决能力指的是学生在解决问题的过程中所应具备的能力，包括问题表征、问题归类、知识提取与准确求解四个方面；自主学习能力指的是学生对学习活动进行主动、积极、自觉的目标计划、发现探究与自我监控所应具备的能力。数据分析指出，学习能力三因子之间存在显著的正相关，且相关度较高，这说明理解组织、问题解决与自主学习之间的关系非常紧密。理解组织能力是从事一切学习活动的基础，只有在该能力达到一定水平的基础上才有可能进行其他方面的探索与学习；问题解决能力有助于将所学知识恰当地运用以解决实际问题，达到“学以致用”的效果，这是高层次的学习成效，它必须以一定的理解组织能力为基础，同时又以其过程与结果充实知识理解与组织的内容、提高知识理解与组织的深度与速度；自主学习能力有助于学生调动自身的主观能动性，实现自我认识、自我教育和自主发展，自主学习过程中对目标的计划、对问题的发现探究、对自我的监控调节必须要以一定的理解组织能力和问题解决能力为基础，同时自主学习也必然会提高学生自身的理解组织能力与问题解决能力，三者的结合在一定程度上能够反映出中学生的学习能力。

我们提出的三因子学习能力结构与已有研究之间存在着内在的一致性。北京市教科院基教所“北京市中小学学生发展评价方案”课题组建构了中小学生发展评价的指标体系，研究指出，中学生学习能力的评价要素包括发现并解决问题的能力、合作学习的能力、独立探究的能力、搜集、识别、管理、使用信息的能力、对学习过程和结果的反思能力五个方面。该课题组所建构的中学生学习能力指标体系中的发现并解决问题的能力与搜集、识别、管理、使用信息的能力与我们所界定的问题解决能力本质上是一致的，且含有对知识的理解组织成分；其中的合作学习能力、独立探究能力、对学习过程与结果的反思能力则与我们所界定的自主学习能力殊途同归。可以说，中学生学习能力三因子的内部意义与已有的研究结果相对一致，能够对中学生的学习能力进行较好的诠释。

(三)态度体验的指标体系

我国的新课程标准将学生的学习目标分为结果性目标与体验性目标，体验性目标指的是学习态度等情感领域的学习结果，因而除了成绩与能力这些认知领域的结果性目标之外，亦应将学生学习后的态度这一体验性目标纳入到学习产出的评价体系当中。

基于我国新课程改革对教育发展目标的明确提出以及对素质教育的重视，众多研究者逐渐开始关注情绪在学生学习与成就中的作用。曾有国外学者佩克伦(Pekrun)明确提出了学业情绪(academic emotions)这一概念，他认为学业情绪包括在学校情境中学生经历的各种成就情绪，特别是与成功或失败相关的那些情绪。[①]近年来，学业情绪已成为我国教育学与心理学研究的一大热点问题。我国学者俞国良指出，学业情绪是指在教学或学习过程中与学生的学业相关的各种情绪体验，包括高兴、厌倦、失望等，但值得注意的是，学业情绪不仅仅指学生在获悉学业成功或失败后所体验到的各种情绪，同样也包括学生在课堂学习中的情绪体验，在日常做作业过程中的情绪体验以及在考试期间的情绪体验等。[②]

对于中学生来说，学业情绪对他们的学习和心理都具有颇为重要的意义。虽然很多研究对学生学业情绪的表述与内涵界定有所不同，但是，近年来随着对教育发展目标的深刻认识，在中学生学习评价的体系研究中，学生的学业情绪一直是研究者们广为关注的内容，也是不可或缺的指标。出于建构中学生学习产出评

---

①Gamora G.，& Arsenio W. F.(2002). Emotionality，emotion regulation，and school performance in middle school children. Journal of School Psychology，40，395-413.

②俞国良，董妍.学业情绪研究及其对学生发展的意义[J].教育研究，2005，(10)：39-43.

价指标体系的目的，我们将中学生的学习情绪界定为“学科学习后的情绪体验”。作为学习产出的一大组成部分，这种学习情绪的概念范畴与广泛的学业情绪有所出入。广泛意义上的学业情绪不仅包括学习后的情绪体验，也包括学习过程中的情绪体验，而作为短期评价的学习情绪则主要涉及学习后的体验，出于对二者的区分，并为了与新课程改革纲要中的教育发展目标内容相一致，我们采用“态度体验”这一术语来描述学科学习后的情绪体验。

在以往的心理学研究中，学者更多地关注学生消极的学习体验，如焦虑、抑郁、内疚等，而较少关注愉悦、满足等积极的学习体验。我们认为，学生学习后积极的态度体验是学习评价的一项重要内容。学者杨秀君基于对积极情感重要性的认识，重点研究了中学生的学习成功感，文中将学习成功感(Feelings of Academic Success)界定为个体意识到自己在学习上成功地接近、达到或超过自己的抱负水平时所体验到的满意、喜悦、自豪等积极的情感。①另有学者俞国良等将广泛意义上的学业情绪按照愉悦度(积极与消极)与唤醒度(高唤醒与低唤醒)分为四类：积极唤醒度高的情绪、积极唤醒度低的情绪、消极唤醒度高的情绪与消极唤醒度低的情绪，其中积极唤醒度高的学业情绪包括自豪、高兴、希望三因子，积极唤醒度低的学业情绪包括满足、平静、放松三因子，消极唤醒度高的学业情绪包括焦虑、羞愧、生气三因子，消极唤醒度低的学业情绪包括厌倦、无助、沮丧、心烦—疲乏四因子，②这一划分不仅涉及中学生学习过程中的情绪体验，也包括学习后的情绪体验，对我们开展“态度体验”的研究具有重要的启发与借鉴意义。

与广义上的学业情绪有所不同，我们认为，从学习投入与产出的视角来看，中学生学习过程中的情绪唤醒度应作为一种学习投入因子，而学习产生的积极或消极体验则应作为一种主要的学习产出指标。

1. 态度体验项目的探讨

(1)项目的编制

采用开放式问卷调查的方法，结合相关文献，收集与编写中学生态度体验的初始项目，提出中学生态度体验结构的理论构想。

经过对146名中学生(初二35人，初三38人，高一40人，高二33人；男生57人，女生89人)进行开放式问卷调查，分析、了解被试在不同学习经历后的情感体验，结合相关文献，并参考已有研究者的思想，我们提出了中学生态度体验结构的理论构想，拟定从成功感和愉悦感两个维度编写项目，将消极的情感体验作为反向计分项目加以呈现，经过仔细分析、认真推敲、严格筛选，初步形成了测查两个维度的项目。所有项目经由专家研讨后，对表述不清的部分作以删改、调整，最终形成中学生态度体验的初始指标体系。该体系共26个项目，分正反题，均采用5点计分的方式进行评定，从完全不符到完全符合依次计1～5分，正题选

①杨秀君.学习成功感研究[D].博士论文.华东师范大学，2004.

②俞国良，董妍.学习不良青少年与一般青少年学业情绪特点的比较研究[J].心理科学，2006，29(4)：811-814.

“5”计 5 分，选“1”计 1 分，反题反之，得分越高表明态度体验越积极。

(2)项目的施测

为了考察项目结构的合理性并筛选项目，选取南京市两所普通中学的初、高中生进行预测，发放问卷 350 份，回收 334 份，删除无效问卷 33 份，有效问卷为 301 份，有效率为 90.1%，被试的基本情况见表 3-11。

表 3-11 预测被试的基本情况

被试		年级				合计
		初一	初二	高一	高二	
性别	男	36	31	51	57	175
	女	23	33	46	24	126
合计		59	64	97	81	301

以班级为单位进行团体施测，施测过程采用统一的指导语，主试事先已经过培训。对回收的 301 份有效数据运用 SPSS for Windows 11.5 进行统计处理。

(3)项目的分析

首先，对 26 个项目进行项目区分度分析，采用区分度较高的相关法计算区分度，遵循严格筛选项目的原则，将低于 0.40 的题项予以删除。结果显示(表 3-12)，26 个项目的鉴别指数均不低于 0.40，这表明各个项目均具有很好的区分度。

表 3-12 中学生态度体验预测项目鉴别指数($n=301$)

项目	D	项目	D	项目	D
y1	0.78	y10	0.48	y19	0.77
y2	0.79	y11	0.49	y20	0.78
y3	0.75	y12	0.67	y21	0.61
y4	0.53	y13	0.40	y22	0.73
y5	0.65	y14	0.53	y23	0.63
y6	0.72	y15	0.58	y24	0.51
y7	0.70	y16	0.70	y25	0.55
y8	0.46	y17	0.62	y26	0.68
y9	0.74	y18	0.74		

其次，为了考察项目的结构，对 26 个项目进行探索性因素分析。

运用 KMO 统计量检验各项目是否适合进行因子分析。通过对有效数据进行检验，结果得出 KMO 值为 0.936，这表明各项目非常适合作因子分析。

对态度体验的 26 个项目进行探索性因素分析，采用主成分分析法，以大于 1 的特征值为标准提取因子，运用方差最大法进行正交旋转。结果显示，有三个因子的特征值大于 1，累积贡献率为 60.367%，其中 y2、y3、y4、y9、y12、y13、y15、y21、y22 这 9 个项目的交叉负荷较高，予以删除。对剩余的 17 个项目进行特征值大于 1 的正交旋转，结果显示三个因子的累积贡献率为 62.517%，项目负荷均在 0.51～0.89 之间(表 3-13)。

表 3-13　中学生态度体验项目的因子负荷矩阵(n=301)

项目	因子		
	因子 1	因子 2	因子 3
y1	0.811		
Y19	0.808		
y5	0.775		
y6	0.758		
y7	0.748		
y26	0.638		
y24		0.886	
y11		0.885	
y25		0.793	
y23		0.668	
y10		0.629	
y8		0.583	
y14			0.746
y20			0.737
y17			0.734
y16			0.688
y18			0.515

依据探索性因素分析的结果，中学生的态度体验为三因子结构，这与原先构想的两因子结构不一致。进一步分析发现，这三个因子涉及中学生对积极学习情绪的趋向与对消极学习情绪的规避两大方向，对积极学习情绪的趋向与原构想的成功感与愉悦感两个维度相符，一个因子指代中学生在成功地接近、达到或超过自己抱负水平时所体验到的满意、自豪、骄傲等积极情感；另一个因子指代中学生在挖掘自我潜能、追求自我发展后所体验到的内在愉悦感。简言之，数据分析将中学生态度体验的两因子结构调整为三因子结构，包括学习愉悦感 6 个项目、学习成功感 5 个项目、对消极情绪的规避 6 个项目，共 17 个项目。

2. 态度体验因子的确定

为了确定中学生态度体验结构调整后的合理性，并检验项目的可靠性与有效性，我们依据探索性因素分析的结果以及有关的理论构想，对中学生学习的态度体验结构进行验证性因素分析。

(1) 研究对象

选取南京市某普通中学的初、高中生进行正式施测，发放问卷 380 份，回收 363 份，删除无效问卷 31 份，有效问卷为 332 份，有效率为 91.5%，被试的基本情况见表 3-14。

表 3-14　被试的基本情况

被试		年级				合计
		初一	初二	高一	高二	
性别	男	49	33	56	39	177
	女	59	17	45	34	155
合计		108	50	101	73	332

(2) 研究工具

中学生学习的态度体验项目。测查学习成功感、学习愉悦感、消极感规避的 17 个项目。

(3) 项目施测

以班级为单位进行团体施测，施测过程采用统一的指导语，主试事先已经过培训。

(4) 数据处理

对回收的有效数据运用 SPSS for Windows 11.5 进行数据录入与统计处理，采用 AMOS 5.0 进行验证性因素分析。

(5) 结果分析

1) 验证性因素分析：对中学生学习态度体验的 17 个项目，采用极大似然估计，对初步探讨的三因素模型进行验证性因素分析。模型各拟合指数为 $\chi^2/df=3.769$，GFI＝0.868，CFI＝0.897，NNFI＝0.880，RMSEA＝0.091，RMR＝0.071。模型拟合不够理想，通过对该模型进行修正，去掉交叉负荷较高的项目 y12，对剩余的 16 个项目进行验证性因素分析，模型各拟合度均有所提高，$\chi^2/df=3.525$，GFI＝0.881，CFI＝0.907，NNFI＝0.901，RMSEA＝0.078，RMR＝0.069，可以看出，各指标的拟合指数均达到了可接受的水平，所有项目的标准化负荷在 0.58～0.83 之间(表 3-15)，均达到了心理测量学的要求。

表 3-15　中学生学习态度体验的三因子负荷矩阵($n=332$)

项目	因子		
	因子 1(成功感)	因子 2(愉悦感)	因子 3(消极感规避)
y11	0.830		
y10	0.817		
y9	0.793		
y14	0.771		
y2		0.790	
y1		0.717	
y3		0.712	
y4		0.692	

续表

项目	因子		
	因子 1(成功感)	因子 2(愉悦感)	因子 3(消极感规避)
y13		0.628	
y8		0.581	
y16			0.798
y17			0.769
y5			0.769
y6			0.746
y15			0.735
y7			0.707

2)信度分析：采用 Cronbach α系数和分半信度系数对中学生学习态度体验三个维度的内部一致性信度进行检验。结果显示(表 3-16)，中学生学习态度体验的三个维度及总指标的内部一致性系数和分半信度系数均在 0.80 以上，达到了心理测量学的要求，表明项目的信度较好。

表 3-16　中学生学习态度体验项目的信度分析结果

名称	Cronbach α系数	分半信度系数
学习成功感	0.87	0.87
学习愉悦感	0.86	0.84
消极感规避	0.87	0.81
总指标	0.90	0.86

3)结构效度分析：根据探索性因素分析的结果，对中学生学习态度体验的 17 个项目进行验证，修正后的模型删除了 1 个项目，更好地拟合了理论模型，即中学生态度体验的三因子模型，包括 4 个学习成功感项目、6 个学习愉悦感项目和 6 个消极感规避项目。

心理测验的研究表明，如果各个维度与总分的相关系数均明显高出各维度间的相关系数，那么表明项目的结构效度良好。通过对态度体验三个因子的相关关系进行分析(表 3-17)，结果发现，态度体验三个维度之间的相关系数均低于各维度与总分之间的相关系数，这表明该项目的结构效度较好。

表 3-17　态度体验各维度的相关

维度	学习成功感	学习愉悦感	消极感规避	总体态度体验
学习成功感	1．000			
学习愉悦感	0.619**	1.000		
消极感规避	0.202**	0.457**	1.000	
总体态度体验	0.715**	0.877**	0.756**	1.000

态度体验各维度的相关分析表明，三个维度之间存在着显著的相关，其中学习成功感与学习愉悦感的相关程度相对较高。在此基础上，我们考虑等值模型的存在并设置三大假设模型：模型 1 为单因子模型，由于三因子之间存在显著的相关，因而考虑将学习成功感、学习愉悦感、消极感规避三个维度合并为一个态度体验因子；模型 2 为两因子模型，由于学习成功感与学习愉悦感之间的相关程度较高，因而考虑将这两个因子合并为一个积极情感趋向的维度，与消极感规避维度作为并列的两个因子；模型 3 为原有的假设模型，即依据探索性因素分析得出的三因子模型。

表 3-18　三种理论模型的验证性因素分析各项指标的比较(n=332)

	χ^2	df	χ^2/df	GFI	CFI	NNFI	RMSEA	RMR
模型 1	1214.701	104	11.680	0.585	0.594	0.532	0.180	0.169
模型 2	613.157	103	5.953	0.759	0.814	0.783	0.122	0.099
模型 3	356.040	101	3.525	0.881	0.907	0.901	0.078	0.069

结果显示(表 3-18)，模型 3 的各项指标均明显优于模型 1 和模型 2。模型 3 的 χ^2/df 指标为 3.525，处于 2.0 与 5.0 之间，表明该模型可以接受；GFI、CFI、NNFI 指数越接近 1 表明拟合程度越好，模型 3 这几个指标数值均明显高于模型 1 和模型 2，且皆达到了可接受的标准；RMSEA 和 RMR 两个指标数值则是越小越好，模型 3 的这两个指标均小于 0.08，拟合效果较为理想。检验结果表明，中学生态度体验的三因子结构模型更为合理，这也表明中学生的态度体验项目具有较好的结构效度。

3. 态度体验结构的分析

开放式问卷调查是收集中学生学习后的态度体验项目、探讨态度体验结构的基础，它为提出中学生态度体验的理论构想提供了重要依据，有助于使各个项目更为符合中学生的学习实际。在取得第一手资料的基础上，结合已有文献，我们提出了中学生学习态度体验结构的理论构想。通过对预测数据进行探索性因素分析，对构想的结构进行了调整。原构想的学习愉悦感与学习成功感两个积极情感维度依旧，调整后的结构中加入了对消极情感的规避这一维度，出现这一结果的原因可能在于原有的理论构想中仅把中学生学习后的消极情感体验作为积极体验的反向计分项目加以呈现，而实际上中学生对学习的消极体验具有一种防御性，其自我服务性倾向使得中学生更容易趋乐避苦，因而对消极情感体验的规避顺理成章地就成为了中学生学习态度体验的一大特点。通过对正式施测数据进行验证性因素分析，结果支持了调整后的态度体验三因子结构。测量学分析结果也表明，该项目具有较为理想的信度和效度。

通过探索性与验证性因素分析，中学生学习态度体验的三因子结构，即学习成功感、学习愉悦感、消极感规避得以建立。具体来讲，学习成功感指的是中学生在成功地接近、达到或超过自己抱负水平时所体验到的满意、自豪、骄傲等积极情感，这往往与学生的学习目标或学习成绩密切相关；学习愉悦感指的是中学生在挖掘自我潜能、追求自我发展后所体验到的内在的积极情感，这往往与学生的学习意愿或自身发展密切相关；消极感规避指的是学生对自身学习所产生的消极情感体验的防御性，这种倾向在很大程度上对学生今后的发展与进取具有重要的积极影响。

数据分析指出，态度体验三因子之间存在显著的正相关，其中学习成功感与学习愉悦感之间的相关程度要高于二者与消极感规避之间的相关程度。我们由此提出了一个与三因子模型可资比较的两因子模型，即将中学生的学习成功感与学习愉悦感合并成一个维度，使之与消极感规避这一维度作为并列的两个因子。通过对模型进行验证性因素分析，结果发现，三因子模型的各项拟合指数均优于两因子模型，达到了可接受的水平。这表明虽然学习成功感与学习愉悦感之间的相关程度较高，但是二者却并不能一概而论，在学习成绩上获得成功的中学生并非都能体验到内在的学习乐趣，而体验到内在愉悦的中学生也未必都在班级学习成绩中名列前茅，这一点可以从成就目标理论中获得合理的解释。成就目标理论认为目标取向可以分为掌握目标取向与表现目标取向两种，掌握目标是指个体关注于培养能力、增加知识和理解，而表现目标则关注于获得对自身能力的积极评价并避免消极评价，希望用学习结果证明或表现自己的能力。有些学生获得成功的学习体验是基于外在的学习动机，而体验到学习愉悦感的学生则更多地源于内在的学习动机。学者俞国良指出，目前大多数研究对情绪的划分多采用愉悦度这一单一的维度，这似乎并不能真正揭示情绪和目标之间的复杂关系，可见将成功感和愉悦感加以区分来探讨学生的态度体验是非常必要的。态度体验三因子结构中的消极感规避这一维度与学习成功感和愉悦感两个维度之间存在着低度但显著的相关，这也是中学生学习态度体验的一大特点，它体现了中学生的自我服务倾向，同时在一定程度上反映了学生对消极情绪体验的主观调节。有研究指出，不同学习水平的初中生在学习情感反应方面的差异并不显著，这与我们的研究结果具有相通之处。中学生对学习的情感体验受学习成绩的影响不显著，其原因可能在于青少年的可塑性较强，他们对自身的学习情感具有较强的自我调节能力，保持积极的态度体验有助于维护自身的身心健康。可以说，学习成功感、学习愉悦感与消极感规避三因子的结合能够反映出中学生学习后的态度体验。

（四）体质健康的指标体系

近年来，体质健康的研究在我国的体育科学领域异军突起。虽然增强体质的思想已被人们广泛接受，但在中学生的评价当中却未曾受到足够的重视。自 1985 年以来，教育部、卫生部、国家体育总局、科技部、国家民委等 5 部委每隔 5 年组织一次全国学生体质健康调研。2000 年，第四次全国学生体质健康的调研结果发现，虽然我国学生的形态发育水平有所提高、营养状况明显改善、常见疾病有所下降，但体质健康方面却存在着很大的问题。具体表现在：第一，我国学生的速度素质、耐力素质、柔韧性素质、爆发力素质、力量素质等体能素质在 1995 年比 1985 年下降的基础上均有所下降；第二，反映肺功能的肺活量在 1995 年比 1985 年下降的基础上继续呈现下降的趋势，男女学生的肺活量/体重指数与 1995 年相比亦有所下降；第三，肥胖学生明显增多，成为青少年学生重要的健康问题；第四，学生近视眼患病率居高不下。[①]2005 年，第五次全国学生体质健康的调研结果发现，学生身体形态、机能、素质的发展极不平衡，形态指标显著增长，机能和素质则显著下降；常见病发病率有所下降，但近视率却显著上升。

随着调研结果的公布，很多学者给予了学生体质健康极大的关注，通过对中学生体质差的原因进行调查，结果发现，位于前三位的原因中，体育锻炼不够占 56.7%、睡眠不足占 50.3%、精神紧张占 28.0%。近视率急剧攀升是目前学生体质健康存在的重大问题之一，很多学者对我国学生的近视率进行了调查，结果表明，我国学生的近视率位居世界第二，其中初中生近视率为 60%，高中生高达 85%。学生近视率居高不下的主因在于学生课业负担过重、近距离用眼时间过长。可见，学习压力、睡眠不足、精神紧张皆是影响中学生体质健康的不可忽视的因素。长期以来，以学生的学习成绩为单一指标的学习评价倾向使得教师与学生片面追求升学率，一些“负责”的教师与一些“好学”的学生倾向于加大学习的强度，增长学习的时间。为了提高学习成绩，老师不断给学生施压，学生不断给自己加压，然而分数的提高却付出了身体健康的代价，这违背了素质教育的初衷，也不是素质教育要达到的预期目标。我国中学生的体质健康不容乐观，这不仅是高强度学习而导致的精力透支的结果，也是我国中学生评价指标体系单一化所引发的可视性反应。由此可见，中学生的学习评价亦应考虑学生自身的体质健康，而不能一味地以牺牲自身健康为代价片面追求绝对学习成绩的提高。

1. 体质健康的概念界定

近年来，我国体育科学领域中关于体质与健康的研究虽然已初成体系，但是，对于体质与健康的概念界定，中外学者们仍未达成统一的认识。

就体质而言，中国学者认为体质是在遗传性和获得性的基础上表现出的人体形态结构、生理功能和心理因素的综合性的、相对稳定的特征，其组成包括身体形态和发育水平、身体的功能水平、身体素质和运动能力、心理的发育水平、适应能力等要素；而美国学者则认为体质是人们先天具有或后天获得的与从事身体活动的能力有关的一系列特性(美国健康和人类事业局，U.S. Department of Health & Human Services)，或者说是，一种精力充沛地参与各种身体活动而不因过早出

①杨贵仁.2000 年全国学生体质健康状况调研结果[J].中国学校卫生，2002，23(1)：2-3.

现的健康问题而发生危险的良好状态（Howley & Franks），其组成包括生理性的、与健康有关的、与技能有关的要素。[①]可以看出，中美学者都承认体质的遗传性与习得性，但中国学者更强调身体与心理二者的结合，美国学者则着重强调身体活动。就健康而言，它的内涵极其广泛，不仅包括躯体健康、心理健康，还包括社会适应良好、道德健康等方面。虽然体质与健康密切相关，但却仅仅是健康的冰山一角而已。

虽然中国学者认为体质是身心的综合体现，但在体质研究过程中却很少加入心理指标的测定。虽然有研究在体质测试中引入了心理指标，如学者徐明欣等以意志评定题和性格特征图量表作为心理指标对体质进行了评价研究，[②]再如，学者季成叶在体质综合评价中加入了卡特尔 16 种人格测试这一心理指标等，[③]但这些指标却极少应用于中学生的体质测查当中。学者杨丽华曾指出，无论是学生的体质调研还是体质综合评价，客观上都潜在地隐含着心理内容与指标，只不过是没有明确指出并纳入到具体的测查内容中罢了。他认为，学生的发展是针对常态学生而言的，心理正常与否是决定能否接受常规学校教育的前提，所以学生这个特定的群体自然就被锁定在“心理发育正常”这一范畴内，因此学生体质调研的心理内容也就隐匿其中了。[④]

综上所述，我们认为中学生的体质健康主要指向身体健康，即先天具有或后天获得的与从事身体活动的能力有关的一系列特性。

2. 体质健康的测试指标

尽管在 19 世纪 80 年代后期美国已经出现了学校体质测试，但直到 1954 年体质测试才逐渐广为人知。1958 年，美国在全国范围内进行的青少年体质普查采用了全美健康、教育、康复和舞蹈联盟（The American Alliance for Health，Physical Education，Recreation and Dance，AAHPERD）设计的一种 7 项指标的测试方法，主要测试的是与运动技能有关的指标，而与健康有关的指标则没有包含在内。1985 年，AAHPERD 制定的测试方法中保留并充实了与健康有关的指标，而原有的那些与运动技能有关的指标则全部予以删除，形成了逐步由“运动技能测试指标”向“健康测试指标”过渡的趋势。随后的体质研究主要关注心肺功能、身体柔韧性、肌肉力量和耐力、身体组成等，测试指标的明确性也逐渐提升。

20 世纪 80 年代初，我国建立的青少年儿童体质资料库主要包括具有代表性的身高、体重、脉搏、血压、肺活量等身体指标，此后的研究中，虽然也有学者引进了营养状况等指标，但大多数体质研究倾向于关注形态、机能、素质三大指

①杨少锋，尤桂杰.中美体质研究之比较[J].体育学刊，2002，9（4）：136-138.

②徐明欣，王童.体质研究中心理测定内容与评价方法[C].全国体质研究学术报告会论文选集，1984.

③季成叶.生长发育一般规律及调查方法与评价[J].中国学校卫生，2000，21（1）：71-78.

④杨丽华，刘东海.浅析体质（调研）、体质综合评价中心理内容及指标的探讨分析——兼与何仲恺、郝树源二位先生商榷[J].西安体育学院学报，2006，23（3）：122-124.

标，这也是中国学生体质综合评价研究协作组所认同的基本可行的指标。我国现行的《学生体质健康标准》是对学生的身体形态、身体机能、身体素质进行综合评价，是以体质健康为主要评价指标的评价体系，其评价指标突出反映了与学生健康直接相关的身体成分，这与美国目前的体质概念相对一致，但在指标方面还是存在一定差别的。

虽然有关体质健康的指标日益明朗，但在具体项目上不仅国内外存在分歧，即便是在国内，不同的研究者观点也不一致。目前美国比较普遍的体质健康测试项目有两套：一套包括 1 英里跑/走、体脂含量、身体质量指数、坐位体前屈、仰卧起坐、引体向上和屈臂悬垂；另一套包括 1 英里跑/走、皮下脂肪厚度、身体质量指数、坐位体前屈和引体向上。而我国体质健康的形态、机能与素质三项指标中并不包含像体脂含量或皮下脂肪厚度这样的生理指标。中国学生体质综合评价研究协作组认为，形态指标落脚于身高、体重，机能指标落脚于肺活量、脉搏，素质指标落脚于 50m 跑、立定跳远、屈臂悬垂、10m×4 往返、站立体前屈、耐力跑等 10 项内容。也有研究(湖北省体育科学研究所，1984)指出：身高、体重、肺活量这些孤立的指标并不能很好地反映学生的体质状况，而采用身高体重指数(体重×1000/身高)、肺活量指数(肺活量/体重)则更为科学。我国目前施行的《学生体质健康标准》中，中学生需测试 6 项，其中身高、体重、肺活量是必测的三项，用于计算身高体重指数与肺活量指数；另外三项为选测项目，台阶试验、1000m 跑(男)、800m 跑(女)中任选一项，50m 跑和立定跳远中任选一项，坐位体前屈、仰卧起坐(女)和握力体重指数中任选一项。但学者刘生杰指出，50m 跑和立定跳远是实质截然不同的两个项目，50m 跑反映的是速度素质，而立定跳远反映的则是下肢爆发力，二者不可替代，不适于作为选测项目；对坐位体前屈、仰卧起坐、握力体重指数进行的相关分析发现，三者的相关系数很小或不相关，因而也不可相互替代，①这就对已有的测试项目提出了质疑。此外，很多研究一致表明，《学生体质健康标准》的评分标准明显低于《国家体育锻炼标准》中的评分标准，两种评价结果严重不一致，②因而体质健康项目评价标准的科学性与可行性还有待于进一步论证。

不论测试项目如何离散，有一点比较明确，那就是国内学者一致认同体质健康的三大指标，即身体形态、身体机能、身体素质。

通过采用理论探讨与数据分析相结合的“质”“量”研究，我们设计出了中学生学习评价的产出指标体系，见图 3-1。质性分析认为，学生的学习成绩、学习能力与态度体验皆可视为学业成就的次级指标，学业成就与体质健康可作为并行的

①刘生杰.对《学生体质健康标准（试行方案）》的实验研究[J].中国体育科技，2005，41(6)：117-118.

②黄群玲.《学生体质健康标准》与《国家体育锻炼标准》的比较研究[J].北京体育大学学报，2004，27(9)：1257-1259.
孙艳，楼晓娟等.实施《学生体质健康标准》的测试结果分析[J].西安体育学院学报，2004，21(5)：65-67.
刘生杰.对《学生体质健康标准（试行方案）》的实验研究[J].中国体育科技，2005，41(6)：117-118.

学习产出评价因子；量化研究表明，因子分析与结构方程模型在检验因子构成的合理性问题上具有较强的适用性，它们可以为指标体系的建构提供数据支撑，上述学习能力与态度体验结构的确立就是此法有效应用的例证。

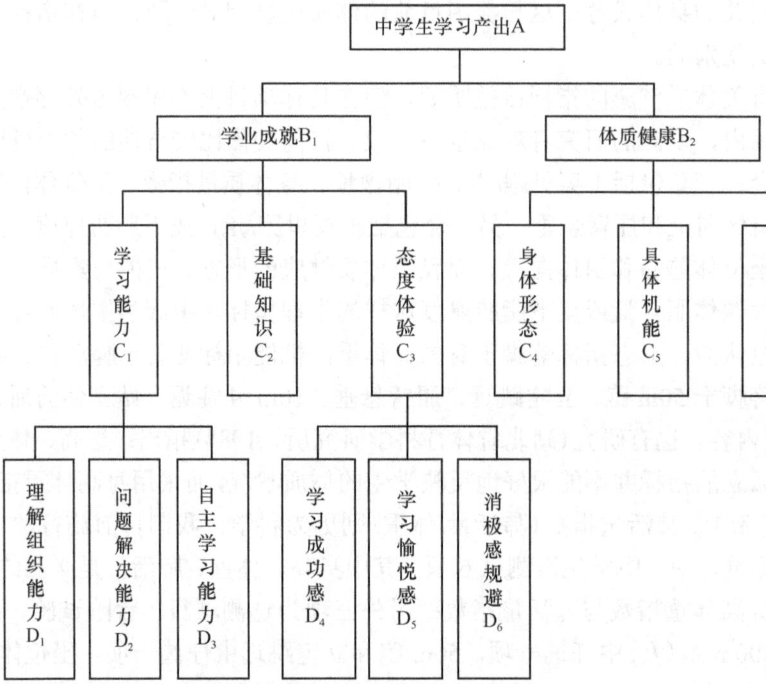

图 3-1　中学生学习评价的产出指标体系

二、新视角下学习评价的投入体系设计

（一）学习投入的概念内涵

在学生学习投入的研究中，虽然存在“学生投入（student engagement）”与“学习投入”的不同表述，但是，在实际的研究过程中，二者在本质上趋于一致，都是指学生在学习过程中的投入。目前，研究者对学习投入概念的界定各有侧重，但是，随着研究的日益深入，学习投入的概念内涵逐渐得以丰富与完善。最初的学习投入研究把焦点放在学生的行为投入上，主要关注学生学习的具体行为表现与学习时间的投入，但这种研究并没有考虑学生内部的认知与情感因素对学习的影响。1968 年，国外学者杰克逊提出了行为投入背后应具有更重要的深层投入这一问题，之后的学者纷纷对这种深层投入加以探讨。例如，学者菲恩认为，学习投入可分为两种形式，一种是行为投入，另一种是情感形式的投入；学者康奈尔与斯金纳（Connell，1991；Skinner，1993）认为“学生投入”是学生在学校情境中参与学习活动时的强度与情感

品质；学者安利在学习投入风格的研究中采用了认知投入[①]。还有很多的研究者致力于学习投入的研究，他们所提出的深层投入理念都可纳入到认知与情感这两大学习范畴之内。1992 年，学者纽曼等在学生行为投入的基础上界定了一个更深层次的心理投入，包括认知投入与情感投入。[②]由此，学习投入就不仅仅是指学生的行为投入，还包含了合理的心理投入。学习投入的实质是理解与掌握学习内容的心理投入，而学生学习的行为投入只是心理投入的载体，即学习投入是以学生的行为投入为载体的心理活动，它反映了学生在学习过程中的参与程度。学习投入可以从非直接的指标来加以推断，如认知策略的采用、学习的主动性与注意的强度等。学习投入是一个组合的概念，只有认知、情感与行为投入三者的组合才构成了学习投入。

虽然研究者对学习投入的概念各持己见，但整体来看，这些描述都可纳入到认知、情感与行为投入的结构框架之中。我国学者孔企平在介绍西方学习投入研究的基础上，界定了学生学习投入概念的结构，即认知投入(cognitive engagement)、情感投入(affective engagement)与行为投入(behavioral engagement)。[③]学者纽曼在 1992 年曾指出，学生的学习投入主要是一种心理活动，而心理学者大多认同心理活动的知、情、意结构。学习投入的“认知”成分主要以思维的参与与深入程度为指标，学生投入的“情感”成分主要以学习活动的情感投入为指标，学生投入的“意志”成分主要以学习过程中的行为表现与时间投入为指标。这一结构不仅概括了以往的学习投入概念，而且符合心理学的三分理论，具有一定的合理性。

1. 认知投入的概念界定

以往的研究者对认知投入的概念进行了不同的界定，学者米斯(Meece)认为，学生的认知投入应包括认知策略与自我监控两方面的因素；[④]学者宾特里奇(Pintrich)将认知投入界定为学习策略的问题；[⑤]学者布鲁门菲德与霍伊尔(Blumenfeld & Hoyle)则关注学生对学习目标的认知及策略的采用。[⑥]1990 年，心理学者迈克尔曾对学习策略进行了分类，他认为学习策略包括认知策略、元认知策略与学习资源管理策略，以此来看，前期研究者对认知投入概念的界定在本质

---

①Ainley Mary D.(1993). Styles of engagement with learning：multidimensional assessment of their relationship with strategy use and school achievement. Journal of Educational Psychology，85，395-405.

②Newmann，F. M.(1992). Student engagement and achievement in American Secondary School. New York：Teachers College Press.

③孔企平. “学生投入”的概念内涵与结构[J].外国教育资料，2000，(2)：72-76.

④Meece，Judith L.，Blumenfeld，Phyllis C.，& Hoyle，Rick H.(1988). Students' goal orientations and cognitive engagement in classroom activities. Journal of Educational Psychology，80，514-523.

⑤Pintrich，Paul R.，& Groot，Elisabeth V.(1990). Motivational and self-regulated learning components of classroom academic performance. Journal of Educational Psychology，82，33-40.

Pintrich，Paul R.(2002). The role of metacognitive knowledge in learning，teaching and accessing. Theory Into Practice，41，220.

⑥Meece，Judith L.，Blumenfeld，Phyllis C.，& Hoyle，Rick H.(1988). Students' goal orientations and cognitive engagement in classroom activities. Journal of Educational Psychology，80，514-523.

上都是相同的。在认知策略的分类问题上，马顿(Marton)等一批学者采用了浅层次与深层次的划分方法，事实上，这一分类与迈克尔的认知分类一一对应，迈克尔认知策略中的复述策略与浅层次的认知策略相一致，精加工与组织策略则与深层次的认知策略相一致。学生是否理解所学的知识映射出认知投入的不同水平，浅层次的策略表明学生认知投入的程度较低，而深层次的策略则表明学生认知投入的程度较高。此外，温斯坦(Weinstein，1986)与亚历山大(Alexander，1988)在研究中还强调了学生元认知策略的重要影响。简言之，认知投入的概念无论怎样界定，始终没有脱离认知策略与元认知策略的成分，如国外学者安利曾依据学习策略的使用状况对学生的认知投入风格进行了相关研究。

综上所述，认知投入主要以学习策略(包括认知策略与元认知策略)的运用为间接指标。无关乎学习时间“量”的投入，学习过程中的认知投入本身就对学习产生着巨大的影响。深层次的理解策略不仅代表着高认知投入，而且使得学生的学习时间具备了“质”的优势。

2. 情感投入的概念界定

学生在学习中的心理投入不仅包括认知投入，还涉及情感方面的投入。学习情感渗透于学习过程，它既可以作为一种学习产出，也可以视为一种学习投入。在学业情绪的研究中，学者俞国良等指出，学业情绪不仅仅指学生在获悉学业成功或失败后所体验到的各种情绪，同样也包括学生在课堂学习中的情绪体验，在日常做作业过程中的情绪体验以及在考试期间的情绪体验等。这一表述中的学业情绪不仅涉及了学生学习后的体验，而且纳入了学生在学习过程中的情感。我们认为，学生学习后获得的体验可以视为一种学习产出，而学习过程中的情感则可视为一种学习投入。很多研究将学习过程中的情感作为影响学生学习的重要投入因素，国外学者宾特里奇指出，学生的投入是在学习活动中伴随着的积极情感，当高度投入的时候，学生是积极的并表现出积极的情感，当不投入的时候，学生是被动的并表现出负面的情感；学者康奈尔在1990年的研究中将学习的情感投入界定为一个连续的变量，该变量的六大要素分别为孤僻、遵守规范、反叛、顺从、革新与投入；[①]而研究者斯金纳则将学习的情感投入界定为四种体验，即兴趣、快乐、忧虑与愤怒，[②]等等。

综上所述，研究者对情感投入概念的表述虽然有所不同，但本质上却没有太大的出入，他们都把学生的情感投入看作是学习活动过程中的情感体验，当高投入的时候，学生表现出来的是一种学习主动性、专注性、精力充沛与积极的情感体验，当低投入的时候，学生表现出来的则是一种学习被动性与负性的情感体验。

---

①Skinner，Ellen A.，Wellborn，James G.，& Connell，James P.(1990). What it takes to do well in school and whether I've got it：a process model of perceived control and children's engagement and achievement in school. Journal of Educational Psychology，82，22-32.

②Skinner，Ellen A.，& Belmont，Michael J.(1993). Motivation in the classroom：reciprocal effects of teacher behavior and student engagement across the school year. Journal of Educational Psychology，85，571-581.

3. 行为投入的概念界定

行为投入是指学生在学习过程中的行为表现，但不同的研究者在行为投入的具体概念界定上有所不同。国外学者米塞兰迪诺（Miserandino）在1996年的研究中指出，行为投入主要是指学生在课堂上可以被观察到的行为表现，而康奈尔等人（Connell & Wellborn）则认为行为投入不仅包括课堂上的行为投入，还包括课外学习的行为投入。1998年，学者马克斯（Marks）将这两种观点加以整合，他认为学生的行为投入包括课堂与课外两个方面，但学生在课堂中的行为表现是主要方面，课外的学习时间投入则是次要方面。对于学生在课堂上的行为表现，米塞兰迪诺把它分为七个要素，即参与、坚持、逃避、无助、参加讨论与集中，宾特里奇等人（Pintrich，Skinner & Connel）则认为学生的课堂行为投入主要表现为注意力的集中程度、挑战任务的选择、努力的程度与持续的时间。对于学生学习时间的投入，卡罗尔早先在学校学习模型中就已提出了“实用时间”的概念，而布卢姆在此基础上提出了“用功时间”这一概念，所谓“用功时间”是指学习者积极专注于学习的时间，后来，威利和哈尼斯菲格（Wiley & Harnischfeger，1974，1976）又提出了一种较为复杂的“用功时间”模型，并在布卢姆“用功时间”的基础上，提出了“积极学习时间百分比”这一概念，它是指学生专注于学习的时间与实际分配的总时间量之比。20世纪70年代初，在初任教师评价研究（BTES）中将之前的“用功时间”、“积极学习时间”统称为“专注时间”，并指出有关的外部因素都要通过学生在课堂学习情境中的行为来影响学习成绩，其中，学习专注时间尤为重要，因为它是影响学习成绩的直接因素。

综上所述，研究者对行为投入的认识差异并不大，大家一致认同，行为投入不仅应包含具体的课堂行为表现，而且应考虑学习时间的投入，但是，在学习时间这一指标上，必须有效分离出积极主动的时间投入或称“专注时间”。

（二）学习投入的指标体系

1. 学习投入项目的探讨

（1）项目的编制

采用开放式问卷调查与团体焦点访谈的方法，结合相关文献，收集与编写中学生学习投入初始项目，提出中学生学习投入结构的理论构想。团体焦点访谈的主题为“您认为中学生在学科学习过程中其自身的学习投入包括哪些内容，具体表现在哪些方面？”访谈开始前，先由主试向访谈对象介绍此次团体焦点访谈的目的与要求以及学习投入的概念界定，然后请大家对访谈主题进行分析与讨论。团体焦点访谈时间约为1.5小时，由主试对访谈过程进行现场录音与记录。

经过对146名中学生（初二35人，初三38人，高一40人，高二33人；男生57人，女生89人）的调查结果以及对30名中学教师的访谈资料进行分析，并参考已有研究者的思想，我们提出了中学生学习投入结构的理论构想，初步拟定认知、情感与行为投入三个维度，经过仔细分析、认真推敲、严格筛选，形成了测查各个维度的项目。所有项目经由专家研讨后，对表述不清的部分作以删改、调整，最终形成测查中学生学习投入的初始指标体系。该体系共 65 个项目，分正反题，均采用 5 点计分方式进行评定，从完全不符到完全符合依次计 1～5 分，正题选“5”计 5 分，选“1”计 1 分，反题反之，得分越高表明学习投入的程度越高。

(2) 项目的施测

为了考察项目结构的合理性并筛选项目，选取南京市两所普通中学的初、高中生进行预测，发放问卷 350 份，回收 337 份，删除无效问卷 13 份，有效问卷为 324 份，有效率为 96.1%，被试的基本情况见表 3-19。

以班级为单位进行团体施测，施测过程采用统一的指导语，主试事先已经过培训。对回收的 324 份有效数据运用 SPSS for Windows 11.5 进行统计处理。

表 3-19　预测被试的基本情况

被试		年级				合计
		初一	初二	高一	高二	
性别	男	45	34	57	35	171
	女	58	16	45	34	153
合计		103	50	102	69	324

(3) 项目的分析

首先，对 65 个项目进行区分度分析，采用区分度较高的相关法计算区分度，遵循严格筛选项目的原则，将低于 0.40 的题项都予以删除。结果显示(表 3-20)，x15，x20，x28，x30，x33，x36，x40，x45，x47，x50，x55，x56，x60，x61，x62，x64，x65 这 17 个题项的鉴别指数均小于 0.40，删除后剩余 48 个项目。

表 3-20　中学生学习投入预测问卷项目鉴别指数(n=324)

项目	D	项目	D	项目	D	项目	D	项目	D
x1	0.58	x14	0.49	x27	0.61	x40	0.30	x53	0.60
x2	0.62	x15	0.38	x28	0.34	x41	0.42	x54	0.63
x3	0.44	x16	0.61	x29	0.55	x42	0.59	x55	0.21
x4	0.54	x17	0.51	x30	0.17	x43	0.57	x56	0.10
x5	0.55	x18	0.54	x31	0.42	x44	0.49	x57	0.64
x6	0.50	x19	0.47	x32	0.44	x45	0.35	x58	0.52
x7	0.49	x20	0.26	x33	0.26	x46	0.70	x59	0.52
x8	0.62	x21	0.44	x34	0.64	x47	0.13	x60	0.16
x9	0.58	x22	0.62	x35	0.57	x48	0.42	x61	0.20
x10	0.55	x23	0.58	x36	0.38	x49	0.46	x62	0.38
x11	0.47	x24	0.48	x37	0.64	x50	0.23	x63	0.53
x12	0.56	x25	0.45	x38	0.54	x51	0.56	x64	0.39
x13	0.54	x26	0.54	x39	0.59	x52	0.73	x65	0.36

其次，为了考察项目的结构，对剩余的 48 个项目进行因子分析。

运用 KMO 统计量分析各项目是否适合进行因子分析。通过对有效数据进行检验，结果得出 KMO 值为 0.943，非常适合作因子分析。

对学习投入的 48 个项目进行探索性因素分析，采用主成分分析法，限定 3 个因素，运用方差最大法进行正交旋转。结果显示，3 个因素的累积贡献率为 46.013%，去掉因子负荷小于 0.40 或交叉负荷较高的 9 个项目，即 x3，x8，x12，x25，x37，x42，x46，x52，x63，对剩余的 39 个项目进行限定 3 个因素的正交旋转，结果显示 3 个因素的累积贡献率为 48.291%，项目负荷均在 0.47～0.77 之间(表 3-21)。

表 3-21　中学生学习投入项目的因子负荷矩阵(n=324)

项目	因子		
	因子 1	因子 2	因子 3
x22	0.768		
x19	0.768		
x21	0.750		
x23	0.737		
x53	0.687		
x35	0.685		
x26	0.639		
x16	0.632		
x54	0.625		
x27	0.623		
x41	0.604		
x49	0.587		
x38	0.561		
x24	0.546		
x17	0.509		
x58	0.503		
x7	0.497		
x57		0.681	
x4		0.679	
x9		0.655	
x48		0.652	
x1		0.639	
x10		0.637	
x2		0.635	
x34		0.611	
x5		0.575	

续表

项目	因子		
	因子 1	因子 2	因子 3
x6		0.566	
x18		0.481	
x14		0.475	
x43			0.764
x51			0.761
x44			0.738
x39			0.703
x29			0.695
x31			0.623
x59			0.596
x32			0.570
x13			0.568
x11			0.564

依据探索性因素分析的结果，中学生的学习投入符合原构想的三因子结构，包括认知投入因子 17 个项目、情感投入因子 12 个项目、行为投入因子 10 个项目，共 39 个项目。

2. 学习投入因子的确定

为了确定中学生学习投入结构调整后的合理性，并检验项目的可靠性与有效性，我们依据探索性因素分析的结果以及有关的理论构想，对中学生的学习投入结构进行验证性因素分析。

(1)研究对象

选取南京市某普通中学的初、高中生进行正式施测，发放问卷 380 份，回收 363 份，删除无效问卷 38 份，有效问卷为 325 份，有效率为 89.5%，被试的基本情况见表 3-22。

表 3-22 被试的基本情况

被试		年级				合计
		初一	初二	高一	高二	
性别	男	36	31	51	73	191
	女	24	34	46	30	134
合计		60	65	97	103	325

(2)研究工具

中学生学习投入项目。测查认知投入、情感投入、行为投入的 39 个项目。

(3) 项目施测

以班级为单位进行团体施测，施测过程采用统一的指导语，主试事先已经过培训。

(4) 数据处理

对回收的有效数据运用 SPSS for Windows 11.5 进行数据录入和统计处理，采用 AMOS 5.0 进行验证性因素分析。

(5) 结果分析

1) 验证性因素分析：针对中学生学习投入的 39 个项目，采用极大似然估计，对三因子模型进行验证性因素分析。模型各拟合指数为 $\chi^2/df=2.075$，GFI＝0.808，CFI＝0.844，NNFI＝0.834，RMSEA＝0.058，RMR＝0.086。模型拟合不够理想，通过对该模型进行修正，去掉交叉负荷较高的 4 个项目 x6，x9，x10，x38，对剩余的 35 个项目进行验证性因素分析，模型各拟合度均有所提高，$\chi^2/df=1.681$，GFI＝0.868，CFI＝0.910，NNFI＝0.903，RMSEA＝0.046，RMR＝0.058，各指标的拟合指数均达到了可接受的水平。所有项目的标准化负荷皆在 0.43～0.73 之间（表 3-23），均达到了心理测量学的要求。

表 3-23　中学生学习投入三因子负荷矩阵（$n=325$）

项目	因子		
	因子 1（认知）	因子 2（情感）	因子 3（行为）
x26	0.729		
x17	0.693		
x35	0.682		
x15	0.676		
x36	0.639		
x18	0.597		
x29	0.581		
x13	0.578		
x16	0.570		
x33	0.543		
x21	0.534		
x12	0.510		
x19	0.485		
x20	0.470		
x27	0.449		
x3		0.693	
x37		0.685	
x7		0.660	
x1		0.656	

续表

项目	因子		
	因子 1(认知)	因子 2(情感)	因子 3(行为)
x14		0.583	
x25		0.580	
x2		0.580	
x8		0.569	
x5		0.536	
x4		0.472	
x32		0.454	
x11		0.439	
x28			0.703
x23			0.700
x22			0.662
x34			0.660
x30			0.628
x31			0.620
x39			0.595
x24			0.511

2) 信度分析：采用 Cronbach α系数和分半信度系数对中学生学习投入三个维度的内部一致性信度进行检验。结果显示(表 3-24)，中学生学习投入三个维度及总指标的内部一致性系数和分半信度系数均在 0.80 以上，达到了心理测量学的要求，表明项目的信度较好。

表 3-24　中学生学习投入项目的信度分析结果

名称	Cronbach α系数	分半信度系数
认知投入	0.90	0.89
情感投入	0.87	0.85
行为投入	0.82	0.81
总问卷	0.93	0.88

3) 结构效度分析：根据探索性因素分析的结果，对中学生学习投入的 39 个项目进行验证，修正后的模型删除了 4 个项目，更好地拟合了理论模型，即中学生投入的三因子模型，包括认知投入 15 个项目、情感投入 12 个项目和行为投入 8 个项目。

表 3-25　学习投入各因子的相关分析

维度	认知投入	情感投入	行为投入	总学习投入
认知投入	1．000			
情感投入	0.704**	1.000		
行为投入	0.443**	0.487*	1.000	
总学习投入	0.906**	0.883**	0.724**	1.000

通过对学习投入三个因子的相关关系进行分析(表 3-25)，结果发现，学习投入三个维度之间的相关系数均低于各维度与总分之间的相关系数，这表明项目的结构效度较好。

相关分析表明，学习投入三个维度之间存在显著的相关，其中认知投入与情感投入的相关程度相对较高。在此基础上，我们考虑等值模型的存在并设置三个假设模型：模型 1 为单因子模型，由于三因子存在显著的相关，因而考虑将认知投入、情感投入、行为投入三个维度合并为一个学习投入因子；模型 2 为两因子模型，由于认知投入与情感投入的相关程度较高，因而考虑将这两个因子合并为一个心理投入维度，与原有的行为投入维度作为并列的两个因子；模型 3 为本研究的假设模型，即依据探索性因素分析得出的三因子模型。

表 3-26　三种理论模型的验证性因素分析各项指标的比较(n=325)

	χ^2	df	χ^2/df	GFI	CFI	NNFI	RMSEA	RMR
模型 1	1511.166	560	2.699	0.742	0.773	0.759	0.072	0.090
模型 2	1143.854	559	2.046	0.810	0.861	0.852	0.057	0.063
模型 3	936.168	557	1.681	0.868	0.910	0.903	0.046	0.058

结果显示(表 3-26)，模型 3 的各项指标均明显优于模型 1 和模型 2。模型 3 的 χ^2/df 指标为 1.681，表明该模型拟合较好；GFI、CFI、NNFI 指数均明显高于模型 1 和模型 2，达到了可接受的标准；RMSEA 和 RMR 两个指标均小于 0.08，拟合效果较为理想。检验结果表明，中学生学习投入的三因子结构模型更为合理，这也表明中学生的学习投入项目具有较好的结构效度。

3. 学习投入结构的分析

通过探索性与验证性因素分析，中学生学习投入的三因子结构，即认知投入、情感投入与行为投入得以建立。具体来讲，认知投入指的是学生在学习过程中为了达到学习目的、提高学习效率和效果，在认知加工过程中所采用的学习方法、技能以及对整个学习活动进行监控的方法、技能，主要涉及学生的学习策略，既包括学习过程中的认知策略，也包括对学习过程采取的元认知策略。情感投入指的是学生在学习过程中的积极情感唤醒水平，主要涉及学习兴趣与学习意愿两大方面，具有较高学习兴趣和强烈学习意愿的学生，其情感投入处于积极高唤醒的水平，这种情感投入对学生的学习具有巨大的推动效果；反之，如果学生缺乏学习兴趣和学习意愿，那么其情感投入则处于低唤醒的水平。行为投入指的是学生在课堂和课外两大学习过程中的具体行为表现，主要涉及学生在学习过程中积极思考的程度、注意力集中的程度以及自身努力的程度。

数据分析指出，学习投入三因子之间存在显著的正相关，其中认知投入与情感投入两因子的相关程度较高，这与已有的研究结果相对一致。学者伊萨(Eissa)在 2005 年的研究中曾探讨了学生的学习动机取向与学习策略之间的关系，结果发现，学习兴趣较高的学生往往可以积极调控自身的学习策略，同时也具有较高的自我效能感；也有研究指出，积极的学习情绪不仅有利于认知策略的灵活使用，如精加工与组织信息等，而且与学习的自我调节有着显著的正相关，①这就点出了学习情感与认知策略及其元认知策略的内在关系；学者纽曼等人所界定的深层次的心理投入指的是认知投入与情感投入二者的结合，这一系列的研究均支持我们关于认知投入与情感投入呈高相关的结论。

基于认知投入与情感投入的高相关，我们提出了一个与三因子模型可资比较的两因子模型，即将中学生的认知投入与情感投入合并成一个心理投入维度，使之与行为投入这一维度作为并列的两个因子。通过对模型进行验证性因素分析，结果发现，两因子模型的各项拟合指数均不理想，而三因子模型的各项拟合指数均优于两因子模型，达到了以接受的水平。这表明，虽然认知投入与情感投入的相关程度较高，但是，二者却是不同的维度，并非总是绝对的趋同，所以不能一概而论。我国学者俞国良等人指出，有些情感意味着生理和认知上的非唤醒，这会导致减少注意和更多狭窄的、肤浅的信息加工。我们认为，中学生学习的情感投入不仅与认知投入密切相关，还对中学生的心理负担产生重要的影响。当学生以积极主动的情感投入于学习活动中时，即便是较长时间的学习也不易引起沉重的心理负担，反之，当学生以消极厌学的情绪参与到学习活动中时，即便是短时间的学习也会造成巨大的心理负担。我们呼吁，唤起学生的积极情感投入，因为这是缓解心理疲劳、提高学习效率的有效方式。

学习投入结构中的行为投入因子在最初拟定的项目中涉及学生课堂与课外学习过程中具体的行为表现与学习时间投入两大方面，但在项目分析与因子分析的过程中，学习时间投入的相关项目均因不符合统计学的意义而被删除，最终确定的行为投入项目仅涉及课堂与课外学习过程中的具体行为表现。产生这一结果的原因很多，一是中学生在校学习时间与课堂学习时间具有统一的规定，因而学生用于课堂学习的时间相差不大；二是学生课后作业所占用的时间较多，且不容易区分课外自主学习时间与用于课后作业的时间，因为在做课后作业的过程中，重温学过的知识、参阅相关的资料也涉及自主学习时间的投入，因此学生课外的学习时间也未产生理论构想中的效果；三是中学生的学习时间与学习中的具体表现之间并没有绝对的一致性，表现较好的学生投入的时间并不一定多，而表现较差的学生投入的时间也并不一定就少。虽然学习时间并未被纳入到学习投入的三因子结构当中，但作为一种独立的可视性因素，其对学习评价的影响依旧不容忽视。

综上所述，中学生学习投入的三因子结构模型不仅具有理想的信度和效度，而且符合心理过程的知、情、意三分法，即对应于“知”的认知投入、对应于“情”的情感投入、对应于“意”的行为投入，可见，这一学习投入结构模型具有一定的合理性。

---

①Eissa，M. Al-Ansari.(2005). The dynamic interplay of student motivation and cognition in the college of education students at Kuwait University. Social Behavior and Personality，33，341-350.

写在篇前的话

在新课改背景下，我国历来单以学习成绩为指标的学习评价已无法适用于新的学习情境。如果对这一评价方式不做进一步的调整与改进，那么势必会影响新课改实施的质量与效果。应新课改的系列要求，我国对学生的学习评价必然呈现出新型的发展模式。一是全面性的评价取向。《基础教育课程改革纲要(试行)》中明确指出，评价不仅要关注学生的学业成绩，而且要发现和发展学生多方面的潜能。不同国家虽然教育情境不同，但却都存在着相通的内容，如基础知识、基本能力、价值观与态度、体能与健康等。可见，全面的学习评价不仅包括知识、能力等认知领域的内容，而且还涉及态度兴趣、身体健康等非认知领域的内容。二是过程性的评价取向。新课程理念强调结果与过程的统一，强调学生探索新知的经历与获得新知的体验。因为学生大量的时间与精力投入并非都能换来即时的理想效果，其成效可能需要更长的时间才能得以体现，但学生投入的这一过程往往是学生学习、发展、创造所必须经历的过程，因而对学生学习过程的评价亦是不容忽视的部分。三是有效性的评价取向。因为学习基础差、成绩并不优秀的学生未必学习效率就低，而学习基础好、成绩优秀的学生未必学习效率就高，因而评价要考虑学生在原有学习基础上的发展，这就需要根据学生的个别差异来评价其进步幅度，从效率性的视角来看待学生的学习差异。四是诊断性的评价取向。新课改强调学习评价应借助信息的反馈，帮助学生达成预期的目标，学习评价的功能并不仅仅局限于选拔与筛选，诊断与改进对学生的发展所产生的价值效应更为显著，运用诊断性评价探寻学生学习低效的根源更能彰显学习评价的潜在效用。学者辛涛指出，当前学生的学业评价缺乏对考评信息的深度挖掘，未能体现出考评的诊断与发展功能。[①]总体来说，依据新课程改革提出的要求，我国学生多元化学习评价的焦点就落脚于“综合”与“发展”。过分强调其中任何一种评价，都容易导致教育与评价的功能失调。

我国的学习评价模式在创新过程中需要面对、需要关注的问题实在很多，但是，在短时期内要考虑到方方面面是万分困难的，必须从中挑选出那些亟待解决的问题作为研究的重点。我国新课改理念下的学习评价强调结果评价与效率评价的结合，这也正是学习评价研究亟须改进的方向，而数学模型在这方面具备了显著的优势。数学模型是指采用数学形式的语言将某种事物系统的特征和数量关系抽象出来而形成的一种数学结构，简言之，就是对实际问题的一种数学表述，如

①辛涛.新课程背景下的学业评价：测量理论的价值[J].北京师范大学学报，2006，(1)：56-61.

数学公式等。多元化的学习评价主张客观测验与主观评定的结合，即一部分素质可以采用客观测验的方式进行，如基础知识运用学习成绩来表示，一部分素质可以采用主观评定的方式进行，如学习能力依据日常的观察与考核来评定，但这种主观评定仍可进行量化处理。不论是客观测验还是主观评定均可实现量化，据此，数学模型的建构在学习评价过程中的应用就获得了实现的可能性。出于数学模型的精炼性与简易性，研究者已开始关注数学模型的建构及其在学生学习评价中的应用。数学模型的建构不仅可以将“综合性”与“发展性”的学习评价纳入其中，更重要的是，它可以用直观的数据体现新型学习评价的特点。

1. 学生学习的综合性评价

素质教育的理念必然会引导评价观念的发展。根据教育学者布卢姆提出的教育目标分类，我国长期以来对学生的学习评价过分强调了低层次的知识目标，而忽视了更高层次的学习目标。顺应素质教育的要求，我国新课改主张学习评价应关注学生的全面发展，不仅包括知识、能力等认知领域的内容，如学生搜集和处理信息的能力、获取新知识的能力、分析和解决问题的能力以及交流与合作的能力等，还应涉及学生的学习兴趣、身体健康等非认知领域的内容评价。2008 年 10 月 18 日《扬子晚报》称：江苏省将睡眠时间与学习兴趣列入了学生的学业质量测试。10 月 17 日，17.5 万名义务教育阶段学生在全省 2303 个考点的 6008 个考场参加了学业质量分析测试。省教育厅基础教育处介绍，学生答题后的问卷调查是测试的一大特色，问卷内容包括每天得看书时间、睡眠时间、学习时间、补课时间、课外活动时间等，此外，还涉及家庭环境、人际关系、学习兴趣、人生期望等多个方面。该报称：有关人士分析，学科考试与问卷调查相结合的方式很可能就是今后义务教育阶段新的学习评价模式。[①]在综合性的学习评价模式中，有研究运用模糊数学与层次分析的方法对学生的综合素质进行探讨，模糊综合评判不仅将定性与定量的评价有机地结合起来，而且将不同的指标权重纳入到总体评价的体系当中，展现了综合评价的科学性与合理性。

2. 学生学习的发展性评价

随着教育认识的不断深化，学者们指出，学生的学习评价不仅应注重对综合性结果的评价，而且应强调对发展性过程的评价。由于我国长期以来对学生的学习评价单纯考虑学生学习成绩的绝对差异，较少关注学生的学习起点以及投入因素的影响，埋没了学生的主观努力与进步幅度，最终导致了我国教育中存在着“片面追求升学率”、“高分低能”、学生的学习时间投入与产出不相匹配的现象。我们需要考虑的是：假如学生处于同样的学习起点，那么他们的学习差异会如何，也就是说，要在学生原有的学习基础上对学习进行效率性评价与诊断性评价。要保证素质教育的真正实施，就必须引入学习投入这一系统变量，从而在学生原有水

①http：//epaper.yangtse.com/images/2008-10/18/1224265659218YZA02a18C.

平的基础上对学习投入与产出的效率进行相对有效性评价，并寻求低效学习的原因。在这一点上，美国效能评价研究中所提出的“增值”与“净产值”理念为我国的学生学习评价提供了有价值的借鉴。

从经济学的角度来讲，效益就是投入产出比，投入与产出有着最直接的关联。学生的学习过程可以被看作是一个投入产出系统，学生的学习效率也就是学习投入产出比。我们应对学生学习投入与产出的相对关系进行分析探讨，而不仅仅是关注学生绝对的学习差异。从学习的角度来看，有效学习也应该考虑学习投入与产出的关系，素质教育主张学习的产出既包括考试成绩等即时的结果也包括学习能力等长期的学习结果，而学习投入则涉及认知、情感与行为投入等。以学习时间的投入为例，研究表明学生学习时间总量的投入与学习成绩并不呈正相关，基础不同的学生对学习的时间投入量也是不一样的，因此如何分配投入时间，时间投入与学习产出之间的关系如何，这也是有效性学习评价应关注的问题。研究表明，要改善学生的学习投入与产出，就有必要改变现有的学习评价体系。学习评价应将学生学习的综合评价与发展评价结合起来，既要考虑学生的学习产出的结果因素，又要考虑学习投入的过程因素；既要在与他人的横向比较中探讨学生学习的综合素质差异，对学习进行总结性的评价，也要考虑在控制学生原有学习水平和背景因素的影响基础上探讨学习投入与产出的相对效率，对学习进行诊断性的评价。在发展性的学习评价模式建构中，国民经济投入与产出模型具有重大的启发意义，投入产出模型是由美国经济学家华西里•列昂惕夫(Wassily Leontief)于1936年创建的反映国民经济系统内各部门之间的投入与产出依存关系的数学模型，其中的“净产值”概念是指新创造的价值，即纯收益，这对基于学生原有学习基础来建构其发展性的学习评价模型具有一定的启示意义，现有研究运用数据包络分析与马尔可夫链的数学模型对学生的学习效率与低效诊断进行了初步的尝试。

不同的数学模型具有不同的效能，建构以“综合”为主旨的数学模型与以“发展”为主旨的数学模型有助于将学习的综合性评价与发展性评价有机地结合起来，以多元化的视角来看待学生的学习。

第四篇　从投入与产出的视角看学习评价的模型发展

一、综合性学习评价的模型

(一)综合性学习评价的模型建构

我国新课程改革明确指出，学习评价不仅要评价学生的学习成绩，更要关注学生多方面潜能的发展。越来越多的学者也逐渐认识到单纯的学习成绩评价不能科学地反映学生综合素质的高低。在新课改的要求下，随着对学生评价认识的加深，研究者逐渐开始关注从多个方面对学生进行综合考察，评价的科学化、合理化日益成为学生评价研究的重要取向。

突破单一学习成绩指标的多项产出评价是在新课程改革关于评价内容全面性的要求下做出的一种努力尝试。学习的综合性评价是对各产出指标的综合，虽然各指标的评分方法有所不同，但均可以转化为以统一的量化方法加以标记的指标向量，如百分制评分。另外，由于学生学习产出的各个指标并非都具有同等的重要性，有些指标对学生来说其意义更为重大，更有价值，这就需要分配不同的权重，可以运用如下式(4.1)对学生的学习产出进行综合评价：

$$Y_{总} = \sum_{i=1}^{n} A_i Y_i \tag{4.1}$$

假设学生的学习评价体系只有学业成就与体质健康两大指标，那么(4. 1)式即可调整为

$$Y_{总} = A_1 Y_1 + A_2 Y_2 \tag{4.2}$$

其中 $A_1+A_2=1$，A_1、A_2 分别表示两大指标在学生的综合性评价中所占的权重；

$Y_{总}$ 表示学生学习产出(学业成就与体质健康)的综合得分；

Y_1、Y_2 分别为学生学业成就与体质健康的得分。

若用 Y 表示学习产出评价的综合得分，用 k_i 表示产出指标 i 占总产出的权重，用 y_i 表示产出指标 i 的得分，那么学生学习产出的综合性评价模式可用如下(4.3)式来表示：

$$Y=\sum_{i=1}^{n}k_i y_i \tag{4.3}$$

其中$\sum_{i=1}^{n}k_i=1$

依据学生学习评价指标体系的层次性，如一级指标下设二级指标等，且每一指标下设指标的重要性均有所不同，因而下级指标的评价也应纳入权重这一系数，由此，可得下式：

$$y_i=\sum_{j=1}^{m}f_{ij}s_{ij} \tag{4.4}$$

其中$\sum_{j=1}^{m}f_{ij}=1$；

f_{ij}表示指标i下设指标j占指标i的权重；

s_{ij}表示指标i下设指标j的得分；

由(4.3)、(4.4)两式可得

$$Y=\sum_{i=1}^{n}k_i(\sum_{j=1}^{m}f_{ij}s_{ij}) \tag{4.5}$$

这一评价方式主张建立明确的层级指标体系并计入层级指标的权重，从而对学生学习的多方面产出进行定量分析，这也是近年来探寻评价创新的一种尝试，既可以用于学生个体之间的比较，也可用于班级群体之间的比较，在综合性评价中颇具优势。据此对学生的综合素质进行评价更为科学、合理，且其所获得的综合评价分数较为直观，便于比较。

1. 综合评价指标的扩展

由于我国新课程改革明确强调学习结果与过程的统一，主张学习评价不仅要注重评价结果的全面性，而且要关注学生学习过程中的主观努力。事实表明，学生大量的时间与精力投入并非都能换来即时的理想效果，其成效可能需要更长的时间才能得以体现，但学生积极投入的过程往往是其学习、发展、创造所必须经历的步骤，因而将学习过程中的表现（心理与行为投入）纳入到总结性评价当中也无可厚非。目前对学生的综合评价已逐渐关注结果产出与课堂表现的结合，可见，综合性的学习评价指标不应单单局限于学习的结果产出，还应对学生学习过程中的主观努力赋予适当的比重。据此，学生综合性学习评价的内容便得以扩展：

$$Y=a\sum_{i=1}^{n}k_i(\sum_{j=1}^{m}f_{ij}s_{ij})+b\sum_{l=1}^{g}h_l z_l \tag{4.6}$$

其中$a+b=1$，$\sum_{l=1}^{g}h_l=1$；

$\sum_{i=1}^{n} k_i (\sum_{j=1}^{m} f_{ij} s_{ij})$ 表示学习结果产出的总分；

$\sum_{l=1}^{g} h_l z_l$ 表示学习过程表现的总分；

Y 表示综合性学习评价的总分；

a 、b 分别表示学习结果产出与学习过程表现在综合性学习评价中所占的权重；

h_l 表示学习投入指标 l 在学习过程表现中所占的权重；

z_l 表示学习投入指标 l 的得分。

2. 综合评价指标的取值

在评价过程中，很多指标的取值较为困难，尤其是评价对象涉及人的因素，如学生时更为复杂。有些评价指标是相对确定的，如学生的学习成绩，这种指标可以通过直接测试的方式获取；而有些指标是不确定的，如学习能力等的评判，像这种已经出现但难以给出精确定义的指标所包含的不确定性称为模糊性，模糊性的指标值往往不能通过直接的方式获取，它需要自我评价与他人评价的结合，学生的自我评价可以通过问卷调查的方式获得数据，而他人评价则可借助于模糊综合评判的方法进行取值。

模糊综合评判是美国控制论专家扎德(L.Azadel)于 1965 年所创立的模糊数学的一个分支。“模糊”并不是使数字模糊化，而是在对客观事物之间不分明的模糊差异用严格的数学语言加以研究和度量，把区间模糊的事物利用隶属函数划分界限。模糊综合评判主要是在确定评价的指标体系及其权重的基础上，运用模糊集合变换原理，以隶属度来描绘各层级指标的模糊界线，即通过多层的复合运算，依据“最大隶属原则”确定评价对象的所属等级。为使综合评价结果更为直观，便于比较，也可以把模糊数据转化成普通数据，即对评价结果进行量化。

模糊综合评判在综合性的学习评价中占据着显著的优势。一是适用明确的层级项目；二是计入层级项目的权重；三是融合定性判断与定量分析；四是量化值便于直观地进行横向与纵向比较。具体来说，模糊综合评判法的基本步骤是：

(1)确定评价的层级指标体系

确定清晰合理的层级指标体系是综合评判的前提与基础。设有 n 个评价指标，其集合可以表示为 $U=\{u_1 u_2 \dots u_n\}$，若每个一级指标又包含 k 个二级指标，用符号可表示为 $u_i=\{u_{i1}\, u_{i2} \dots u_{ik}\}$ 。

学生的综合学习结果具有多因素与多层次性，可采用自评与他评相结合的方法加以确定。我国新课改指出，学生的学习结果不仅涉及学习成绩，还包括学生的能力素质与情感态度等。除此之外，当前我国学生的学习负担过重，身体素质相对偏弱的问题已成为社会日益关注的问题。据此，我们可以假设学生综合性学习评价的一级指标为 U={u_1 学习成绩，u_2 能力素质，u_3 身体素质，u_4 情感态度}，

其中二级指标 u_2={u_{21} 理解组织的能力，u_{22} 问题解决的能力，u_{23} 自主学习的能力}，u_3={u_{31} 身高体重标准，u_{32} 肺活量体重指数}。

(2)确定各层级指标的权重

权重是指各项指标在指标体系中所占的重要性程度。指标权重的确定要有充分的依据，可采用专家评定或层次分析等方法加以确定，可以表示为

$$A=\left(A_1\ A_2\ldots A_n\right)。$$

由于指标体系具有明显的层次性，u_i 对 U 的权重为 W=(w_1，w_2，…，w_n)，u_{ij} 对 u_i 的权重为 w_1=(w_{11}，w_{12}，…，w_{1m})，w_2=(w_{21}，w_{22}，…，w_{2m})，以此类推，相应地可以给出下一层指标的权重。举例来说，综合性学习评价的一级指标权重为 W=(w_1 学习成绩占 0.3，w_2 能力素质占 0.3，w_3 身体素质占 0.2，w_4 情感态度占 0.2)，其中二级指标权重为 w_2=(w_{21} 理解组织的能力占 0.4，w_{22} 问题解决的能力占 0.4，w_{23} 自主学习的能力占 0.2)，w_3=(w_{31} 身高体重标准占 0.4，w_{32} 肺活量体重指数占 0.6)。

(3)确定评价等级集

评价等级集是评价者对评价对象可能做出的 m 种评价结果所组成的集合，可以表示为

$$V=\left\{v_1\ v_2\ldots v_m\right\}。$$

评价等级的划分应充分考虑指标的性质特点，等级的确定不宜过多、过细，一般以四级或五级为适中。也有学者指出，若分为五级，则容易出现趋中效应，因此，定四级为宜。比如，将学生的能力素质划分为四个评价等级，即 V={优，良，中，差}。

(4)建立模糊评价矩阵

从 U 到 V 的一个模糊映射，可以确定一个模糊关系 R，它表示一个模糊关系矩阵：

$$R=\begin{bmatrix} r_{11} & r_{12} & \cdots & r_{1m} \\ r_{21} & r_{22} & \cdots & r_{2m} \\ \vdots & & & \\ r_{n1} & r_{n2} & \cdots & r_{nm} \end{bmatrix},$$

其中 r_{ij} 表示隶属度，即第 i 个指标隶属于第 j 个评价等级的程度。根据权重与模糊评价矩阵，就可以计算出模糊综合评价结果，表示为 $B=A\cdot R$，即

$$B=A\cdot R=\left(A_1\ A_2\cdots A_n\right)\begin{bmatrix} r_{11} & r_{12} & \cdots & r_{1m} \\ r_{21} & r_{22} & \cdots & r_{2m} \\ \vdots & & & \\ r_{n1} & r_{n2} & \cdots & r_{nm} \end{bmatrix}$$

根据“最大隶属原则”，确定学生的评价等级，进行定性评价。

假设有10位评价者对某学生“理解组织能力”的评价结果为：4人选“优”，占40%；5人选“良”，占50%；1人选“中”，占10%；无人选“差”，即u_{21}=(0.4，0.5，0.1，0)。同理可知，u_{22}=(0.4，0.3，0.2，0.1)，u_{23}=(0.3，0.2，0.4，0.1)。依据能力素质各指标的权重w_2=(0.4，0.4，0.2)，可得u_2的隶属度r_{2j}=(0.38，0.36，0.2，0.06)。倘若该学生的学习成绩u_1的隶属度为r_{1j}=(1，0，0，0)，身体素质u_3的隶属度为r_{3j}=(0.5，0.5，0，0)，情感态度u_4的隶属度为r_{4j}=(0.5，0.5，0，0)，那么就可以依据一级指标权重W=(0.3，0.3，0.2，0.2)，计算得出该生的综合评价结果$B=W\cdot R$=(0.614，0.308，0.06，0.018)，其中“优”占61.4%，“良”占30.8%，“中”占6%，“差”占1.8%。根据“最大隶属原则”，该生的综合评价结论为“优”。

在学习评价中，有的现象外延是模糊的，不清晰的，并不是“非此即彼”。这些模糊的现象只能用不精确的方法来加以描述，隶属度就是用来度量事物对集合的隶属程度，有助于把模糊的评价现象数量化。

(5)转化模糊综合评价数据

为使综合评价结果更为直观，便于比较，可以把模糊数据转化成普通数据，即对评价结果进行量化，一般可取评价指标隶属度集为：

$$\mu=\begin{bmatrix}1.00 & 0.85 & 0.70 & 0.60 & 0.40\end{bmatrix},$$

由此可以得出评价结果的具体得分，即

$$Y=\left(A_1\ A_2\ \ldots\ A_n\right)\begin{bmatrix} r_{11} & r_{12} & \cdots & r_{1m} \\ r_{21} & r_{22} & \cdots & r_{2m} \\ \vdots & & & \\ r_{n1} & r_{n2} & \cdots & r_{nm} \end{bmatrix}\cdot\begin{bmatrix}1.00\\0.85\\0.70\\0.60\\0.40\end{bmatrix}\times 100$$

在评价过程中可视具体的情况来设定取值范围。比如，在四级评定中，设“优”的取值范围为91～100，“良”的取值范围为76～90，“中”的取值范围为60～75，“差”的取值范围在60以下。由上述评价结论B=(0.614，0.308，0.06，0.018)，可以得出被评价学生的最终分值为S=0.614×100+0.308×80+0.06×70+0.018×50=91.14属于“优”这一等级范围。此分数是从“定性”到“定量”的一次量化分，据此可得出同一等级的量化分，从而使得同一等级的评价具有可比性。

3. 评价指标权重的确定

(1)产出指标权重的确定——层次分析法

由于学生学习产出评价指标体系中的各个指标并非都具有相同的重要性，有些指标对学生来说其意义更为重大，更有价值，因此就需要对不同的指标分配不同的权重，即用数字来表示不同指标在综合评价中的相对重要程度。那么，如何为权重的分配提供定量的依据呢？美国匹兹堡大学运筹学家萨蒂(T. L. Satty)于

20世纪70年代提出的层次分析法(Analytic Hierarchy Process，简称AHP)在解决这一问题上展现了独特的优势。层次分析法是一种定性与定量相结合的系统分析方法，它可以处理那些难以完全用定量的方法分析的复杂问题。它是在具有一定层次的因素与指标基础上，依据对一定客观现实的判断，就每一层次中各指标的相对重要性给予定量的表示，即用数学的方法确定每一层次指标的权重。

学生的学习评价是一个综合的、多准则、多因素的复杂问题，要考虑到学生学习的方方面面是万分困难的，所以必须从中挑选出那些关键的方面作为研究的重点。简而化之，可以把这一复杂的问题分解成若干主要的组成因素，进而通过划分相互联系的有序层次使之条理化，最终形成一个有序的递阶层次结构，将庞杂的评价问题层级化、精炼化，这一层级结构也是层次分析法的前提要求。在建立具有递阶层次的学生学习产出评价指标体系的基础上，层次分析法的引入为各产出指标权重的分配提供了科学的依据。

采用层次分析法确定学生学习指标的权重，具体步骤如下：

1)建立具有递阶层次的学生学习评价指标体系。

2)构建两两比较判断矩阵。

建立评价指标体系之后，上、下层指标之间的隶属关系就确定了，两两比较判断矩阵就是依据1-9标度法对同一层次的指标进行两两比较(表4-1)，从而可以得到同一层次各指标间的比较判断矩阵$A=\{a_{ij}\}$。该比较判断矩阵中的值应满足下列条件：

$$a_{ij}>0,\quad a_{ij}=\frac{1}{a_{ji}},\quad a_{ii}=1$$

表4-1 1-9标度的含义

标度	含义
1	表示两个因素具有同样的重要性
3	表示一个因素比另一个因素稍重要
5	表示一个因素比另一个因素明显重要
7	表示一个因素比另一个因素强烈重要
9	表示一个因素比另一个因素极端重要
2，4，6，8	表示上述相邻判断的中值

3)计算各指标的权重。

第一，计算判断矩阵A的每一行元素的积M_i：$M_i=\prod_{j=1}^{n}a_{ij}$，i=1，2，3，…，$n$

第二，计算各行M_i的n次方根值，$\overline{W_i}=\sqrt[n]{M_i}$，i=1，2，3，…，$n$，其中$n$为矩阵阶数

第三，将向量$\begin{bmatrix} W_1 & W_2 & \cdots & W_n \end{bmatrix}^T$归一化，求得$W_i = \dfrac{\overline{W_i}}{\sum_{i=1}^{n}\overline{W_i}}$即为各指标的权重

4) 计算判断矩阵A的最大特征值$\lambda_{\max}$。

$$\lambda_{\max} = \sum_{i=1}^{n}\frac{(A\cdot W)_i}{nW_i}，\quad A\cdot W = \begin{bmatrix} a_{11} & a_{12} & \cdots & a_{1n} \\ a_{21} & a_{22} & \cdots & a_{2n} \\ \vdots & & & \\ a_{n1} & a_{n2} & \cdots & a_{nn} \end{bmatrix}\cdot\begin{bmatrix} W_1 \\ W_2 \\ \vdots \\ W_n \end{bmatrix}$$

$$(A\cdot W)_i = a_{i1}W_1 + a_{i2}W_2 + \cdots + a_{in}W_n$$

5) 检验一致性。

第一，计算一致性指标$C_I = \dfrac{\lambda_{\max} - n}{n-1}$。

第二，查表可得同阶矩阵平均一致性指标R_I（表 4-2）。

表 4-2　平均一致性指标

阶数 n	1	2	3	4	5	6	7	8	9
R_I	0	0	0.58	0.90	1.12	1.24	1.32	1.41	1.45

第三，计算一致性比率$C_R = \dfrac{C_I}{R_I}$，当$C_R = 0$时，A具有完全一致性。当$C_R < 0.1$时，A具有满意一致性。当$C_R \geqslant 0.1$时，A具有非满意一致性，则应予以调整。

(2) 投入（过程）指标权重的确定——投入产出系数法

由于学生学习产出指标权重的设置应适应于社会的需求与学生今后的发展方向，因而主要采用专家评分的层次分析法，但学生学习投入（过程表现）各指标却因对产出结果的影响大小不同而具有不同程度的重要性，对产出结果影响较大的投入指标理应赋予其较大的权重，影响较小的投入指标其所赋权重则应相对减小，据此对投入指标权重的设置可采用调查分析与数学定量研究相结合的投入产出处理方法。这里所指的指标权重的投入产出法就是将学生的学习活动系统按照学习投入产出关系进行分析，从学习投入和产出关系出发建立投入产出指标的线性回归方程，判断回归方程的显著性，并将相应的回归系数进行归一化处理，最终获得学习投入各指标的权重。

以学习后各项产出指标值y_i作为因变量，以学生学习过程中的投入z_l作为自变量，建立如下回归方程：

$$y_i = a_{i1}z_1 + a_{i2}z_2 + \cdots + a_{il}z_l + b_i \quad i = 1, 2, \cdots, n \tag{4.7}$$

整理可得

$$y_i = \sum_{l=1}^{g} a_{il}z_l + b_i \quad i = 1, 2, \cdots, n \tag{4.8}$$

其中 a_{il} 表示 z_l 对于 y_i 的回归系数；

由(4.8)式可得

$$\sum_{i=1}^{n} k_i y_i = \sum_{i=1}^{n}\sum_{l=1}^{g} k_i a_{il} z_l + \sum_{i=1}^{n} k_i b_i \tag{4.9}$$

其中 $\sum_{i=1}^{n} k_i y_i$ 为学习总产出，据此，投入指标 z_l 的权重值经过归一化处理后为

$$h_l = \frac{\sum_{i=1}^{n} k_i a_{il}}{\sum_{i=1}^{n}\sum_{l=1}^{g} k_i a_{il}} \tag{4.10}$$

(二)综合性学习评价的模型应用

为凸显学习结果与学习过程的统一，以中学生为例，我们采用前篇中所设计的学业成就与学习投入指标体系作为评价内容，运用综合性评价模型对某普通中学初二两个平行班级的 48 名学生进行学习评价。

1. 综合评价指标的取值

在中学生学业成就与学习投入的指标体系中，学业成就下设学习成绩、学习能力与态度体验三项指标，学习投入下设认知投入、情感投入与行为投入三项指标。在学习结果与学习过程的指标体系中，一级指标的取值来自于二级指标，其中，学习成绩可以通过考试或测试的方式获得，学习能力、态度体验与学习投入的指标取值则可采用问卷与评定表格的形式通过学生自评与教师他评的方法获取。

以班级为单位，对 48 名中学生进行学习能力、态度体验、学习投入项目的团体施测，其中学习能力包括调查其理解组织能力、问题解决能力、自主学习能力的 35 个项目，态度体验包括调查其学习成功感、学习愉悦感、消极感规避的 16 个项目，学习投入包括调查其认知投入、情感投入、行为投入的 35 个项目。与此同时，取被试学生最近一次的语文、数学、英语三门主课的测试分数(百分制)作为成绩指标。

提供给三名任课教师(主课)一份被试学生名单，请其依据优、良、中、中下、差五个等级对班级学生的学习能力与态度体验的各三项指标进行等级评定，依次记 5～1 分。

采用模糊综合评判的方法计算学生学习能力与态度体验指标的他评得分(百分制)，将学生的自评结果归一化为百分制数据，赋予自评与他评同等权重，计算相应指标的量化结果。

2. 评价指标权重的确定

(1)学业成就指标权重的确定

中学生学业成就的指标体系下设学习成绩、学习能力与态度体验三项指标，

由于各指标在中学生学习发展过程中的意义与价值不同，所以，某些指标在综合评价中的重要性程度相对较高，而某些指标的重要性可能稍逊，为了凸显这一差异，就需对各项指标赋予不同的权重。学业成就指标体系具备明显的层级结构，这一点满足了层次分析法的基本前提，若将这一方法引入到学生的学习评价中，有助于为各项指标权重的分配提供科学的依据。

给专家提供一份关于中学生学业成就各指标的重要性等级评定表格，请专家根据自己的经验和认识对各项指标进行两两比较，并就重要性等级作出自己的判断。通过将学业成就指标体系的递阶层次结构加以分解，每份评定表中包括 3 个表格(表 4-3～表 4-5)，均采用 9 级评定，即由“最重要”到“不重要”划分为 9 个等级，专家只需在对应的评价指标与表示其判断结果的等级二者所交叉的方格中打“√”即可。

表 4-3　中学生学业成就各指标的重要性等级评定表

评价指标	最重要	相邻中值	很重要	相邻中值	轻重要	相邻中值	稍重要	相邻中值	不重要
	一	二	三	四	五	六	七	八	九
学习能力 C_1									
学习成绩 C_2									
态度体验 C_3									

表 4-4　中学生学习能力各指标的重要性等级评定表

能力指标	最重要	相邻中值	很重要	相邻中值	轻重要	相邻中值	稍重要	相邻中值	不重要
	一	二	三	四	五	六	七	八	九
理解组织 D_1									
问题解决 D_2									
自主学习 D_3									

表 4-5　中学生态度体验各指标的重要性等级评定表

态度指标	最重要	相邻中值	很重要	相邻中值	轻重要	相邻中值	稍重要	相邻中值	不重要
	一	二	三	四	五	六	七	八	九
学习成功感 D_4									
学习愉悦感 D_5									
消极感规避 D_6									

在层次分析法的运用过程中，由于 1-9 标度含义过于繁杂，且容易加重认知负担，因而我们借鉴了学者张春梅等人提出的简化方法①，只要求对单个指标进行等级评定。事实上，评定表中已隐含了两两比较的成分，分析时只需将评定表中的结果转化为判

①张春梅，梁治安，张露，高飞.用层次分析法对学生进行综合评价[J].数学的实践与认识，2007，37(10)：1-7.

断矩阵即可。判断矩阵的转化原则为：当B_i（C_i或D_i）打"√"所在的列到B_j（C_j或D_j）打"√"所在的列是从左到右时，则评价元素B_{ij}（C_{ij}或D_{ij}）是从B_i（C_i或D_i）打"√"所在的列到B_j（C_j或D_j）打"√"所在列的格数；反之，当B_i（C_i或D_i）打"√"所在的列到B_j（C_j或D_j）打"√"所在的列是从右到左时，评价元素B_{ij}（C_{ij}或D_{ij}）则是从B_i（C_i或D_i）打"√"所在的列到B_j（C_j或D_j）打"√"所在列的格数的倒数。通过对专家的评定结果进行转化，最终得到如下4个判断矩阵(表4-6～表4-8)：

表4-6　*C*层指标对于B_1的判断矩阵

B_1-C	C_1	C_2	C_3
C_1	1	1	5
C_2	1	1	5
C_3	1/5	1/5	1

表4-7　*D*层指标对于C_1的判断矩阵

C_1-D	D_1	D_2	D_3
D_1	1	1	1
D_2	1	1	1
D_3	1	1	1

表4-8　*D*层指标对于C_3的判断矩阵

C_3-D	D_4	D_5	D_6
D_4	1	1	5
D_5	1	1	5
D_6	1/5	1/5	1

根据判断矩阵进行计算可以得到学业成就的指标权重，结果显示(表4-9)，中学生学业成就下设指标(C)中，学习能力所占权重与学习成绩相当，均高于态度体验的权重；学习能力下层指标($D_{1\sim3}$)中，理解组织能力、问题解决能力、自主学习能力所占权重相当，态度体验下层指标($D_{4\sim6}$)中，学习成功感与学习愉悦感所占的权重相当，且皆高于消极感规避这一维度所占的权重。

表4-9　学业成就各指标的权重分配

*B*层指标	*C*层指标	权重	*D*层指标	权重	总权重
学业成就B_1	学习能力C_1	0.45	D_1	0.33	0.15
			D_2	0.33	0.15
			D_3	0.33	0.15
	态度体验C_3	0.10	D_4	0.45	0.045
			D_5	0.45	0.045
			D_6	0.10	0.01
	学习成绩C_2	0.45			0.45

通过对判断矩阵进行一致性检验，计算有关矩阵的最大特征值 λ_{max}、一致性指标 C_I 与一致性比率 C_R，结果表明，有关判断矩阵的一致性比率 C_R 均等于 0，皆满足完全一致性检验的要求。

(2)学习投入指标权重的确定

综合性学习评价的指标体系不仅包括学生学习产出的指标，而且涉及学习投入的指标，所以，学生的学习评价不仅应关注对学习产出的结果评价，而且应纳入对学习投入的过程评价。由于学习投入各指标对学习产出的贡献不一，那么若要在综合评价中考虑学习投入，就理应依据不同投入指标的价值大小来设置指标的权重。对于投入指标的权重问题，我们采用调查分析与数学定量研究相结合的处理方法，依据投入产出关系来实现投入指标权重的分配，其基本原理在于，投入指标对学习产出的影响越大，它所占的权重就越大。

在获得学生各项指标量化结果的基础上，为了探究各投入指标与产出指标之间的关系程度，以学业成就各指标得分为因变量，以各投入指标为自变量建立回归方程

$$y_i = a_{i1}x_1 + a_{i2}x_2 + a_{i3}x_3 + b_i \text{，}$$

由数据可得

投入指标与学生学习成绩之间的关系为：

$$y_1=0.664x_1+0.433x_2+0.087x_3+4.536\text{；}$$

投入指标与学生学习能力之间的关系为：

$$y_2=0.303x_1+0.488x_2+0.026x_3+14.819\text{；}$$

投入指标与学生态度体验之间的关系为：

$$y_3=0.196x_1+0.295x_2+0.115x_3+25.118\text{；}$$

其中 x_1 表示认知投入；x_2 表示情感投入；x_3 表示行为投入。

通过对回归方程进行分析，结果表明(表 4-10)，回归方程的复相关系数较高，回归拟合效果较好，方差分析的结果也显示，上述回归方程十分显著，回归方程有效。

表 4-10　回归方程的分析结果

因变量	复相关系数 R	F	P
学习成绩 y_1	0.806	27.127	0.000
学习能力 y_2	0.848	37.692	0.000
态度体验 y_3	0.585	7.628	0.000

由于学业成就各项指标所占的权重不同，学习成绩、学习能力各占 0.45，态度体验占 0.10，据此各产出指标与投入的关系式可调整为以下三式：

$$0.45y_1=0.30x_1+0.195x_2+0.039x_3+2.04$$

$$0.45y_2=0.136x_1+0.22x_2+0.012x_3+6.669$$

$$0.10y_3=0.02x_1+0.03x_2+0.012x_3+2.51$$

则有

$$0.45y_1+0.45y_2+0.10y_3=0.456x_1+0.445x_2+0.063x_3+11.219$$

根据公式 $h_l=\dfrac{\sum_{i=1}^{n}k_i a_{il}}{\sum_{i=1}^{n}\sum_{l=1}^{g}k_i a_{il}}$ 对各投入指标的系数进行归一化处理，分别除以 0.964(由 0.456+0.445+0.063 得)，得出各投入指标的权重(表 4-11)。

表 4-11　各投入指标的权重分配

投入指标	认知投入	情感投入	行为投入
权重	0.473	0.462	0.065

从权重的分配可以看出，学习投入的认知与情感指标所占的权重显著高于行为指标，即学习的心理投入(包括认知投入与情感投入)对学习产出的影响更为显著。

3. 综合评价结果的比较

给专家提供一份关于中学生学习产出与学习过程重要性的等级评定表格(表 4-12)，请专家对其重要性等级作出判断。

表 4-12　中学生学习结果与学习过程的重要性等级评定表

评价指标	最重要	相邻中值	很重要	相邻中值	轻重要	相邻中值	稍重要	相邻中值	不重要
	一	二	三	四	五	六	七	八	九
学习产出									
学习过程									

转化判断矩阵，经计算分配两项指标的权重，其中学习产出占 0.75，学习过程占 0.25(表 4-13)，则有扩展后的综合评价结果为

$$Y=\sum_{i=1}^{n}k_i y_i=0.75y_1+0.25y_2$$

表 4-13　学习产出与学习过程指标权重的分配

指标	学习产出	学习过程	权重	
学习产出	1	3	0.75	$\lambda_{max}=2.000$ $C_I=0$ $C_R=0$
学习过程	1/3	1	0.25	

注：当 $C_R=0$ 时，判断矩阵具有完全一致性。

以中学生学习评价体系的建立为依托，以学习评价指标的取值为关键，以评

价指标权重的设定为基础，我们对 48 名中学生进行综合性的学习评价，直观的结果见表 4-17 中的综合评价部分。

(三)综合性学习评价的模型分析

新课改的理念对新型的学生学习评价提出了全面性与过程性等方面的要求，顺应此发展取向，我们所建构的综合性学习评价模型在内容上体现了结果与过程的统一、在主体上体现了他评与自评的结合。式(4.6)的综合性评价模型中，不仅包含了学生学习结果产出的多项指标，体现了学生学习结果评价的全面性，而且纳入了学生学习过程投入的多项指标，体现了对学习努力过程的关注；不仅包括教师采用模糊综合评判法进行的他评，而且涉及学生运用自陈问卷法进行的自评，这些多元化的方式有助于促使学习评价从多个方面、多个角度开展，更为全面、更为客观、更为科学。

评价指标的权重分配能够凸显不同指标的重要性程度，进而对学生的综合素质进行科学而合理的评价，可见，这是非常必要的一大步骤。由于学生学习投入与产出的指向不同，因而二者的权重分配方式亦有所不同。采用专家评定的层次分析法设定学习产出的指标权重有助于调整学生的学习方向，从而适应社会的发展；采用投入产出系数法设定学习投入的指标权重有助于依据其对学习产出的贡献大小客观地加以分配，体现出一定的科学性与合理性。

前篇所设计的中学生学习评价的产出指标体系显示，学业成就与体质健康可作为并行的学习产出评价因子，专家评定的矩阵转化结果表明，学业成就所占权重为 0.75，体质健康的权重为 0.25，也就是说，专家组一致认为，中学生的学业成就仅比体质健康稍微重要，因为 1-9 标度中“3”所示的重要程度差异较小。这一结果肯定了体质健康在学生评价中的重要性，越来越多的研究者开始关注中学生学习中出现的身体机能、身体素质、视力、睡眠等方面的问题。自中央提出增强青少年体质的要求以来，体质健康就成为社会广泛关注的话题。2007 年教育部和国家体育总局联合发文，要求将学生的体质健康状况作为中考与高考的重要依据，各省市也逐渐在中学生升学测试结果评定中加入了体育成绩，且其所占的比重有逐渐增加的趋势。毛泽东曾在《新青年》第三卷 2 号上发表了著名的体育论文《体育之研究》，其中就指出：“体者，载知识之车而寓道德之舍也”、“一旦身不存，德、智则从之而隳矣”，他突出强调了体质健康与体育教育的价值。近几年，有人演绎了一个“健康数论”：身体是 1，其他所有的东西都是 1 后面的 0，有了前面的 1，后面的 0 才有价值，才越多越好；如果前面的 1 没有了，后面再多的 0 也只是 0 而已。据此，体质健康的价值可以窥见一斑，虽然并非“有了体质健康就拥有了一切”，但是没有体质健康就真的失去了一切。当然，对体质健康的关注并不是要否定学生学业成就的价值，毕竟中学生处于学习的关键时期，学习状况必然是评价的核心指标。

在学业成就下设的三大指标中，学习能力所占的权重与学习成绩相当，且均高于态度体验所占的权重，也就是说，专家一致认为，中学生的学习成绩并不是评定其学业成就的单一指标，学习能力指标的纳入无疑比单纯的学习成绩评价更有价值，但学习成绩在评价中有着不可替代的价值，此外，态度体验指标也逐渐在评价体系中占据了一定的比例。当前学生学习评价的方法日新月异，如研究性学习评价中的档案袋评价法、小组评价法、参与评价法等，皆是对单一学习成绩评定结果的突破，增加了对学生学习能力与态度体验方面的关注。中学生学习能力的重要性程度与学习成绩不分高下，这一结果表明传统的知识评价依然占据着重要的地位，而能力评价也逐渐凸显其重要的价值。学者谭顶良等就知识与能力在教育评价中的重要性进行了辩证性的阐述，并指出，知识与能力皆是重要的评价内容，知识是能力的基础，能力是个体发展的重要目标，二者相互关联、相互影响，在任何时候都不能以忽视一方为代价而强调另外一方。当前的素质教育评价虽然主张给予能力评价重要的位置，但却不能片面夸大知识评价的局限性与缺陷，否定知识评价应有的价值和作用，若以轻视知识为代价来重视能力，那么肯定会得不偿失。①中学生学习态度体验指标的纳入原因可能在于态度体验不仅是影响学习成绩的重要因素之一，也是学生良好学习心态的体现。毛泽东曾指出："吾国学制，课程多如牛毛，虽成年之人，顽强之身，犹莫能举，况未成年者乎？况弱者乎？"、"儿童缘读书而得疾病或至夭殇者有之矣，中学及中学以上，宜三育并重，今人则多偏于智"。面对不堪承受的课业负担，积极的态度体验正是缓解心理压力的灵丹妙药，它有助于学生在享受学习的乐趣中进步、发展。

在学习能力下设的三大指标中，理解组织能力、问题解决能力、自主学习能力三者所占的权重相当，其可能的原因在于，就理解组织能力而言，中学生作为学习的主体，在学校生活中汲取教师的思想是最主要的学习途径，因而其理解组织能力的发展就成为获取新知识的重要载体，无疑具有巨大的价值；就问题解决能力而言，获取的知识若仅储存在头脑中，那么势必埋没其应有的价值，因而将所学加以灵活应用的问题解决能力毋庸置疑便成为评价学习能力的重要指标之一；就自主学习能力而言，中学生的自主学习能力是建立在理解组织与问题解决基础上的更高层次的学习能力，同时，在自主学习的过程中也必然会提高学生自身的理解组织能力与问题解决能力，此外，当前社会多元化的信息不断充斥着学生的头脑，他们需要随时做好接收新信息的准备，由此，自主学习能力就显现出前有未有的价值。可见，三种能力对中学生的学习与发展皆具有重要的意义，其价值大小难分伯仲。在态度体验下设的三大指标中，学

①王华容，谭顶良.知识与能力：孰轻孰重——教育评价中的辩证法[J].天津市教科院学报，2008，(1)：32-34.

习成功感与学习愉悦感所占的权重相当，皆高于消极感规避所占的权重，其原因可能在于，学习成功感与学习愉悦感这两种正向情感是推动学生上进的强大力量，而消极感规避则是避免学生出现强烈负向情感的反向作用力，在动力与阻力之间，动力所具备的优势远大于阻力的作用，对消极情感的抗拒可以理解为追求积极情感的辅助力量。

在学习投入下设的三大指标中，认知投入与情感投入所占的权重相当，显著高于行为投入的权重，这就意味着学生的认知投入与情感投入对学习产出的影响更大。这一结果与很多学者提出的学习投入理念存在着惊人的一致性。学者纽曼指出，心理投入包括认知投入与情感投入，它是较之于行为投入更深层次的一种投入，学习投入的实质就是理解与掌握学习内容的心理投入，而学生学习的行为投入是心理投入的载体。学生的心理投入是学生学习深层次的根基，对学生学习产出具有实质性的影响。学生将知识加以内化、应用才是学习产出的精髓，其学习过程中的行为表现并非与认知、情感的调动程度呈现完全的一致性，有时虽然行为表现认真，但其内在动力却并未调动起来，学生没有以一种充分的准备状态来接受所学内容，由此来看，学习的心理投入较之行为投入更为重要。但这并非预示着行为投入的可有可无，因为心理投入毕竟要以行为投入作为载体，离开了行为方面的投入，再强的心理投入也会失去它强大的功效。

在确定指标权重的基础上，我们对 48 名中学生的综合性学习评价主要涉及：一是学习产出综合评价（主要是学业成就）；二是产出与过程相结合的综合评价（主要是学业成就与学习投入），学习过程评价的纳入主要是为了关注学生付出的努力，它对学习产出综合评价（学业成就）的结果具有一种矫正效力。但是，在不同时期，对学生进行学习评价的目的不同，因而综合评价方式的选取也应根据实际情况而有所变化。简言之，综合性的学习评价模型不仅可以相对贴切地评价学生的综合素质，而且可以使定性分析定量化，计算简单，思路清晰，具有很强的现实应用价值。

二、发展性学习评价的模型

（一）发展性学习评价的模型建构

发展性学习评价是基于学生原有基础的一种评价理念，如下的效率比较模型（群体与个体）与低效诊断模型皆是此理念的一种表达。

1. 群体效率比较的评价模型

应学习评价的发展性要求，效率模型的建构逐渐成为研究的热点。学习效率评价的目的之一在于体现学生相对于整体水平与原有基础的变化情况，即考虑学生的相对进步幅度，这一理念与马尔可夫链的数学模型有着一致的目标指向。

马尔可夫链(Markov Chain)是建立在随机过程基础上的数学模型，它能够在学习评价中得以广泛应用的原因就在于它考虑到评价结果要消除原有基础的差异。如果对两个班级(“尖子班”与“普通班”)学生学习的整体情况进行比较，不考虑学生原有的学习基础而单纯考虑某次测验的班级平均成绩，那么我们能够因为“尖子班”学生的学习成绩显著高于“普通班”，就认定“尖子班”的学生进步幅度高于“普通班”吗？很显然，这是有失公允的，因为这种评价方式忽视了学生原有的学习基础。庆幸的是，马尔可夫链在学习评价中的运用解决了这一问题，它排除了原有学习基础的差异，旨在通过状态转移矩阵将学生的原有基础与学习结果加以对比，从而考察学习的进步幅度，也就是说，通过分析班级学生的学习结果是进步大于退步，还是退步大于进步，来把握其整体的进步情况。

采用马尔可夫链的数学模型比较学生群体的学习效率，具体操作步骤如下：

(1)确定学习产出等级

根据学生的具体情况确定学习产出的水平等级 m，前后等级的确定标准应相对一致，比如，将两个班级学生的前后测试成绩(百分制)皆划分为四级：91～100 分为优，即一等；76～90 为良，即二等；60～75 为中，即三等；60 以下为差，即四等。然后，统计出每名学生前后两次测试在班级中所处的等级。若以 n 表示该班级学生总人数，n_i 表示初测成绩为第 i 等级的学生人数，那么就将 n_i/n 作为状态向量。

(2)建立状态转移矩阵

为了考察班级学生的学习效率，需要分析学习前后各等级的学生变化情况。若 n_i 表示初测成绩为第 i 等级的学生人数，n_{ij} 表示初测成绩为 i 等而后测成绩转化成 j 等的学生人数，则 $p_{ij}=n_{ij}/n_i$ 为由 i 等生转化为 j 等生的转移率，由此可得状态转移矩阵

$$P=(p_{ij})_{m\times m}=\begin{bmatrix} \frac{n_{11}}{n_1} & \frac{n_{12}}{n_1} & \cdots & \frac{n_{1m}}{n_1} \\ \frac{n_{21}}{n_2} & \frac{n_{22}}{n_2} & \cdots & \frac{n_{2m}}{n_2} \\ \vdots & & & \\ \frac{n_{m1}}{n_m} & \frac{n_{m2}}{n_m} & \cdots & \frac{n_{mm}}{n_m} \end{bmatrix}$$

(3)建立学习评价标准

马尔可夫链最突出的优势就在于消除了原有基础的差异，它不仅关注学生整

体的进步程度，也关心退步程度。评价的焦点就在于整体的结果是进步大于退步，还是退步大于进步。一般来讲，如果是 i 等生转化成 j 等生 $(i>j)$，即学生由差等转化为优等，那么就是进步；反之则为后退。因而要考虑效率，就应从转移矩阵中尽可能地提炼出变化信息。

据此，模型建构如下：

1）$S_{ij}=(i-j)^3 p_{ij}=\dfrac{(i-j)^3 n_{ij}}{n_i}$，$i$，$j=1,2,\cdots$，$m$，称为 p_{ij} 的转移进步度，其中 $(i-j)^3$ 称为 p_{ij} 的权重。

2）矩阵 $S=(S_{ij})_{m\times m}=\left[\dfrac{(i-j)^3 n_{ij}}{n_i}\right]_{m\times m}$ 称为状态转移矩阵 P 的进步矩阵。

3）$E(\mathrm{S})=\sum\limits_{i,j}^{m} S_{ij}=\sum\limits_{i,j=1}^{m}(i-j)^3 p_{ij}=\sum\limits_{i,j=1}^{m}(i-j)^3\dfrac{n_{ij}}{n_i}$ 称为状态转移矩阵 P 的效率度，依据效率度的大小就可以比较学习效率。

需要指出的是，在建立学习评价标准的过程中，用于前后比较的两次测验之间的试题难度差异不容忽视。当后测的试题较前测的试题简单时，由 i 等生向 j 等生转化的程度大，这并不足以说明整体学习效率就高；反之，当后测的试题较难时，由 i 等生向 j 等生转化的程度小，但这也不足以说明整体学习效率就低。据此，群体效率比较的评价模型可调整为①

$$S_{ij}=\begin{cases}(i-j)^3\alpha p_{ij} & \text{当} i\leqslant j \text{时}\\ \left[(i-j)^3+(i-j)\right]+\beta\ p_{ij} & \text{当} i>j \text{时}\end{cases}\qquad ij=1,2,\cdots,\ m$$

此模型即为 p_{ij} 转移的进步度，其中 $(i-j)^3\alpha$ 和 $[(i-j)^3+(i-j)]\beta$ 是 p_{ij} 的权重系数，α 和 β 是试题的难易系数。当试题难度适中时，α和β取 1；当试题较简单时，α 取大于 1 的值，β 取小于 1 的值；当试题较难时，α 取小于 1 的值，β 取大于 1 的值。矩阵 $S=(S_{ij})_{m\times m}$ 即为状态转移矩阵 P 的进步矩阵；$E(S)=\sum\limits_{i,j}^{m} S_{ij}$ 即为状态转移矩阵 P 的效率度。

许多学者对马尔可夫链的使用进行了定性与定量的效果评判，结果表明，该模型简单实用，可以作为评价学生群体学习效率的有效手段之一。

2. 个体效率比较的评价模型

由于马尔可夫链的评价模型主要适用于班级群体之间的效率评价，无法比较学生个体之间的学习效率，所以，我们从已有的评价模型中汲取先进的理念，尝试建构适用于学生个体与班级群体的学习效率比较模型，从而扩大

①杨玉华.数学模型在教学效率评价中的应用[J].数学的实践与认识，2006，36(4)：42-45.

应用范围。

(1)增值性评价

有关学生学习效率评价的数学模型在以往的研究中已有所体现，这种数学模型大多关注学习时间变量与学习结果之间的关系，即用数学表达的形式来描述二者之间的关系。已有学者指出了一种学习时间变量与学习结果的线性关系模型①，并将这一线性相关模型表示为

$$L_t = L_0 + K \cdot t \tag{4.11}$$

其中，L_t 表示经过时间 t 后学生的学习水平；

L_0 表示学生初始的学习水平；

K 为常数。

这一模型最重要的假设就是学习时间与学习成绩之间呈线性关系，且学生每时每刻的学习效率完全相同。这显然不符合学生的学习实际，因为学生的学习活动较为复杂，不同时刻的学习效率均是不同的，即使学生对同一内容花费相同的学习时间，其学习成绩也未必相同。基于此，卡韦特提出了学习时间与学习结果的动态关系数学模型

$$L_t = L_0 + \sum\nolimits_t^0 R(t)\Delta t \tag{4.12}$$

$$L_t = L_0 + \int_t^0 R(t)dt \tag{4.13}$$

研究者指出，如果学生的学习效率 $R(t)$ 比较稳定，那么经过时间Δt 后的学习成绩可表示为式(4.12)；如果学生学习效率 $R(t)$ 不稳定，那么一定时间后的学习成绩应以各个时刻学习成绩积分的形式来表示，可表示为式(4.13)。

以上三式中均隐含着一种认识，即学生经过一段时间后的学习成绩/水平是由原有的成绩基础和新增长的水平两部分构成，其中新增长的水平是学习效率与学习时间的函数。这一表达形式固然为学习效率评价提供了新的视角，但其中也忽视了一项因素——学生的初始成绩/水平并非是固定不变的，而是在后期的学习过程中不断变化的，或遗忘，或保持，或增值。比如说，学生 A、B 初始成绩均为 80 分，经过一段时间新知识的学习后成绩也均为 80 分，但学生 A 在学习中将原有知识遗忘了 10%，学生 B 在学习中原有知识水平保持不变。据此可知，学生 A 知识的增值要高于学生 B，但依据式(4.12)、(4.13)可得，学生 A、B 知识的增值水平相等。可见，简单地将学习后的水平扣除初始的水平不能完全表现出学生知识水平增值的部分。

卡韦特提出的学习时间与学习结果的动态关系数学模型为学习效率评价的研究提供了一种理念，即学习效率评价也应针对每位学生的发展进行增值性评判，而不仅仅关注于将不同学生的学习效率进行相互比较。通常认识中，效率水平是指产出

①白益民.学习时间与学习结果关系模型研究述评[J].外国教育研究，1999，(6)：1-7.

与投入的比值，在此我们只考虑一种简单的产出投入模型，即将学生学习后的水平作为产出，将学生原有的水平作为投入，则指标 i 的产出投入比具体可表示为

$$e_i=\frac{a_i y_i}{x_i} \tag{4.14}$$

其中 e_i 表示学习后指标 i 的产出投入比；

y_i 表示学习后指标 i 的得分；

x_i 表示学习前指标 i 的得分；

a_i 表示学习后指标 i 测试内容较之学习前指标 i 测试内容的增值系数，采用专家赋值的方式较为合理。

采用式(4.14)对学生的产出投入比进行评价基于以下两大原因：

一是由于通常情况下，后期的学习内容是以前期的学习内容为基础的，学习内容的获得是逐渐呈递增趋势的，即后期的学习内容较之前期的学习内容，其获取均有所增加，因而在这一模型中我们加入了增值系数，表示学习内容在原有学习基础上的增长比率，据此将后期的测试得分加以调整，从而更为合理地表示学生学习的产出投入比。

二是因为评价应真切地体现学生水平的增长，使得学生用努力换来的所得均能够得以充分展现，而不宜抹杀他们在学习过程中的努力程度。若采用卡韦特提出的学习评价数学模型，很多时候即便考虑了前后测试内容的增值系数，仍免不了会出现知识增长为负的情况。比如说，学生在前期测试中得了 40 分，经过一段时间新知识的学习后，后期的测试得了 30 分，但据评判，后期测试内容的增值系数为 1.2，由此后期测试得分可调整为 30×1.2=36 分，由式(4.13)可得，新增长的水平为 36–40=–4 分，但事实上，该生的水平是提高了的，因为测试涉及新的内容，若其中鲜少涉及先前知识的保持项目，那么这 30 分本身就可以看作是新知识的增长水平，因而不能简单地将后期得分减去前期得分来表现增长的部分。再者，负数本身就是对学生学习努力的一种抹杀，因而为了体现学生学习水平的增长，我们采用产出投入比来评判学生的学习。

基于学生发展性评价建构的 n 项指标，其总体产出投入比可表示为

$$E_1=\frac{\sum_{i=1}^{n} k_i a_i y_i}{\sum_{i=1}^{n} k_i x_i} \tag{4.15}$$

其中，k_i 表示评价指标 i 占总指标的权重；

a_i 为专家评定的增值系数。

(2)相对性评价

学生学习的效率评价既不能抹杀由学生自身努力所带来的水平增长，也不能

忽视自身与他人比较时所增长的程度，有些学生虽然在学习过程中付出了努力，产出投入比较高，但这一阶段其他同龄学生的学习效率可能更高，因而，在学习评价过程中，既要考虑体现学生自身增长水平的产出投入比评价，也要关注对不同学生的学习效率进行相互比较性评价。

既然要在学习群体中比较不同学生的学习效率，那么就无可避免地要考虑到学习群体的平均指标。在建构学生学习效率的评价模型时，可将学生经过学习后距离平均指标的差距与学习前距离平均指标的差距相互比较，若二者差距为正数，则表明学习相对进步，正数越大，进步幅度越大；若二者差距为负数，则表明学习相对退步，负数越小，退步幅度越大。当然，后一阶段的测试指标仍然要考虑测试内容的难度，同时也要顾及到学生原有的基础水平，如式(4.16)所示。

$$e_i=\frac{d_i(y_i-\overline{y_i})-(x_i-\overline{x_i})}{\dfrac{x_i}{X_i}} \tag{4.16}$$

其中 e_i 表示学习后指标 i 的学习效率；

y_i 表示学习后指标 i 的得分；

x_i 表示学习前指标 i 的得分；

$\overline{y_i}$ 表示群体学习后指标 i 的平均分；

$\overline{x_i}$ 表示群体学习前指标 i 的平均分；

X_i 表示指标 i 的满分分值；

d_i 表示学习后指标 i 测试内容与学习前指标 i 测试内容的难度系数之比。为了符合日常习惯，此处所界定的难度系数越大，表明测试内容越难；难度系数越小，表明测试内容越容易。其取值方式如式(4.17)所示。

$$d_i=\frac{X_i-\overline{y_i}}{X_i-\overline{x_i}} \tag{4.17}$$

一般来说，难度系数可采用总体平均数与总分的比值 $\frac{\overline{x}}{X}$ 来表示，但据此所得的难度系数与测题难度之间的关系为：难度系数越大，表明测试内容越容易；难度系数越小，表示测试内容越难。为符合日常习惯，可使 $d=1-\frac{\overline{x}}{X}$，如此难度系数越小，表明测试内容越容易；反之，难度系数越大，表明测试内容越难。

式(4.17)是由公式 $d=1-\frac{\overline{x}}{X}$ 作为测题的难度系数而得出的，d_i 表示两次测试的难度系数之比，d_i 越大，表明后来的测试内容越难；其中 X_i 表示指标 i 的满分分值(这一难度系数比的取值通常是在前后测试满分分值相等的情况下进行的，因而我们采用 X_i 来统一表示)。

由于与他人比较的相对效率评价无需考虑学生水平的真实增长，而主要是评价不同学生之间学习的相对效率，因而可采用式(4.17)的方式对测试内容进行难度系数比的评判。虽然这一评判方式纳入了群体平均数的概念，所得难度系数比并非一定大于 1，但其本身所具有的相互比较成分并不影响对不同学生学习效率的比较。

基于学生发展性评价建构的 n 项指标，其总体相对学习效率评价可表示为

$$E_2=\frac{\sum_{i=1}^{n}k_i[d_i(y_i-\overline{y_i})-(x_i-\overline{x_i})]}{\sum_{i=1}^{n}\frac{k_ix_i}{X_i}} \tag{4.18}$$

上述有关学生学习效率评价的式(4.14)、(4.15)、(4.16)、(4.18)各式均是以学生学习时间的统一性为前提假设的，若考虑到学生用于不同指标的时间差异性，就应在模型中加入时间 t 这一因素，因为很多指标最终的产值在一定程度上是以时间投入的增加而增长的。据此，上四式可调整为以下变式

式(4.14)变式

$$e_i=\frac{a_iy_i}{x_i\cdot t_i} \tag{4.19}$$

式(4.15)变式

$$E_1=\frac{\sum_{i=1}^{n}k_ia_iy_i}{\sum_{i=1}^{n}k_ix_it_i} \tag{4.20}$$

式(4.16)变式

$$e_i=\frac{d_i(y_i-\overline{y_i})-(x_i-\overline{x_i})}{\frac{x_i\cdot t_i}{X_i}} \tag{4.21}$$

式(4.18)变式

$$E_2=\frac{\sum_{i=1}^{n}k_i[d_i(y_i-\overline{y_i})-(x_i-\overline{x_i})]}{\sum_{i=1}^{n}\frac{k_ix_it_i}{X_i}} \tag{4.22}$$

其中，t_i 表示平均每天用于指标 i 的时间占全天 24 小时的比率。

综上所述，我们所建构的学生学习效率评价模型主要从两个方面入手：一是关注学生学习的增值性评价，一是关注学生学习的相对效率。评价目的不同，评价的方式与系数的设置也有所区别，具体如表 4-14 所示。

表 4-14 学生学习效率评价模型整合

评价目的		单项指标		总体指标		系数评判
		时间统一	时间差异	时间统一	时间差异	
学习效率评价	增值性评价	式(4.14)	式(4.19)	式(4.15)	式(4.20)	专家赋值法
	相对性评价	式(4.16)	式(4.21)	式(4.18)	式(4.22)	式(4.17)

以四名学生的数学测试成绩(采用单项指标)为例，运用增值性与相对性评价模型对其学习效率进行评价。

数据采用学生学习前后两次不同内容的数学测试成绩(以百分计)。结合任课教师的评定，设后测知识较前测的增值系数为 1.5，具体情况如表 4-15 所示。

表 4-15 四名学生数学学习基本情况

	学生 A	学生 B	学生 C	学生 D	年级平均分
前测成绩	60	80	60	80	80
后测成绩	60	80	80	60	60
平均每天用于数学学习的时间(h)	4	3	6	3	

依据式(4.14)可得四名学生的学习增值结果，即后测成绩除以前测成绩再乘以增值系数；式(4.19)是在式(4.14)的基础上考虑学习时间对学习效率所产生的影响，即纳入学习时间计算学生的学习增值情况。

依据上式(4.17)可计算系数 d=(100−60)/(100−80)=2，将相应数据代入上式(4.16)可得学生单项数学指标的学习效率，上式(4.21)则是在式(4.16)的基础上考虑学生的学习时间对学习效率产生的影响，所得结果见表 4-16。

表 4-16 四名学生数学学习的效率评价结果

		学生 A	学生 B	学生 C	学生 D
增值性结果 (a=1.5)	不考虑学习时间	1.5	1.5	2	1.13
	考虑学习时间	9	12	8	9
相对性结果 (d=2)	不考虑学习时间	33.3	50	100	0
	考虑学习时间	200	400	400	0

表 4-16 显示，学习时间对学习效率的影响比较明显，学习时间越长，学习效率相对越低，当不考虑学习时间时，学生 C 的增值效率最高，但由于其用于数学学习的时间相对较长，所以当纳入时间变量时，其学习效率降低。相对性评价的结果解释是以 0 为基准的，若评价结果约等于 0，表明学生在这一阶段的学习水平相对稳定；若评价结果小于 0，则表明学生在这一阶段的学习水平与群体比较而言有所退步，数据越小，表明退步的幅度越大；若评价结果大于 0，则表明学生在这一阶段的学习水平与群体比较而言获得了进步，正向数据越大，表明进步

的幅度越大。我们可以看出，经过这一阶段的学习，A、B、C 三名学生均有所进步，其中 B、C 进步的幅度较大，而 D 的数学学习对于整体水平而言较为稳定。增值效率相同的被试，其进步幅度不一定相同，如在不考虑学习时间的情况下，学生 A、B 学习的产出投入比相近，但与整体比较而言，其相对的学习效率却有高有低，可见增值效率与相对效率对于评价学生的学习具有不同的效用。

3. 学习低效诊断的评价模型

新课改中明确提出，要改变评价过分强调甄别与选拔的功能，发挥评价的教育功能，促进学生在原有水平上的发展。考评更重要的价值在于诊断，学生的学习过程与结果中包含着丰富的信息，充分挖掘这些信息对学生的发展至关重要。但现有的学习评价模型多用于比较，虽然体现了学习的差异，但未能提供学生后续学习的反馈信息，即诊断性功能发挥不足。正如我国学者辛涛所指出的，当前学业评价中存在的一个主要问题就是缺乏对考评信息的深度挖掘，且未能体现考评的诊断与发展功能。在比较学生学习效率的同时，若忽视其诊断功能，那么就无法寻求学习低效的原因。若学生通过评价都无法获知自己今后的努力方向，那么其价值大小可想而知。只有找到学习低效的原因，才能对症下药，为学生后续的学习引领改进的方向，进而提高学习投入与产出的效率。数据包络分析的数学模型在寻找学生学习低效的原因方面表现出明显的优势，无疑对学生的学习诊断具有重要的价值。

数据包络分析(Data Envelopment Analysis，简称 DEA)方法是由美国运筹学家查姆斯和库帕于 1978 年提出的一种非参数的相对效率的评价方法，它的优势就在于可以对若干具有同类型的多投入与多产出的决策单元进行相对有效性的评价。通过对各决策单元的投入与产出数据进行综合分析，DEA 可以得出每个决策单元综合效率的数量指标，据此确定有效(相对效益最高)的决策单元，并指出其他决策单元非有效的原因与程度，为进一步的决策提供依据①。

应用 DEA 方法对学生的学习投入与产出进行效益评价具有重大的价值。它采用数学规划模型，以数据为基础，逻辑上较为合理，具有衡量学生的学习投入与产出的能力，而且可以计算在非有效的情况下，投入没有发挥效益的程度或是产出没有达标的程度，甚至于可以估计若要达到相对有效性，它的投入或产出应做何调整等。

假设要接受评价的对象有 n 个，即有 n 个决策单元(decision making units，DMU_j，其中 j=1，2，…，n)，每个决策单元都有 m 种类型的“投入”以及 s 种类型的“产出”，且投入与产出量均为非负值。用 x_{ij} 表示 DMU_j 对第 i 种输入的投入量，y_{rj} 表示 DMU_j 对第 r 种输出的产出量，由此 DMU_j 的投入产出可以表示为

$$X_j = (x_{1j}, x_{2j}, \ldots, x_{mj})^T, \quad j = 1, 2, \ldots, n$$

$$Y_j = (y_{1j}, y_{2j}, \ldots, y_{sj})^T, \quad j = 1, 2, \ldots, n$$

①贾微.网络课程教育综合效益评价研究[D].硕士学位论文.大连理工大学，2006.

设 $V=(v_1, v_2, \ldots, v_m)^T$，$U=(u_1, u_2, \ldots, u_s)^T$，其中 v 和 u 分别为 m 种投入与 s 种产出的权向量。选取权重 u 和 v，使得 DMU_j 的效率评价指数 h_j 满足

$$h_j = \frac{u^T Y_j}{v^T X_j} \leqslant 1, \quad j = 1,2 \cdots n$$

意即在权系数 v，u 之下，投入为 $v^T X_j$，产出为 $u^T Y_j$ 时的产出与投入之比。

如果对第 i_0 个 DMU 进行 0 评价，记为 DMU_0，其投入为 X_0，产出为 Y_0，则第 i_0 个 DMU 的相对效率评价模型为

$$\max E_0 = \frac{u^T Y_0}{v^T X_0}, \quad u \geqslant 0, \quad v \geqslant 0$$

$$\sum_{i=1}^{s} u_i = 1, \quad \sum_{i=1}^{m} v_i = 1$$

$$\frac{u^T Y_0}{v^T X_0} \leqslant 1, \quad i = 1,2 \cdots n$$

以所考察的 DMU_{j0} 的效率评价指数为目标，以所有决策单元(j=1，…，n)的效率指数为约束，构成如下的分式规划问题(C^2R)

$$(C^2R)^I \begin{cases} \max \dfrac{u^T Y_0}{v^T X_0} = V_P{}^I \\ \dfrac{u^T Y_j}{v^T X_j} \leqslant 1, \quad j = 1, \cdots, \ n \\ u \geqslant 0, \quad v \geqslant 0 \end{cases}$$

由于上述模型是一个分式规划，不易操作，对该模型进行 Chames-Cooper 变换后取其对偶规划，引入松弛变量 s^+，s^- 和非阿基米德无穷小量 ε，因而上述模型可变为

$$D^I{}_{\varepsilon} \begin{cases} \min \left[\theta - \varepsilon(\hat{e}^T S^- + e^T S^+) \right] \\ \sum\limits_{j=1}^{n} X_j \lambda_j + S^- = \theta X_0 \\ \sum\limits_{j=1}^{n} Y_j \lambda_j - S^+ = Y_0 \\ \lambda_j \geqslant 0, \quad j = 1,2, \cdots n \\ S^- \geqslant 0 \\ S^+ \geqslant 0 \end{cases}$$

其中 ε 为阿基米德无穷小量，$\hat{e}=(1, 1, \ldots, 1)^T \in E^m$，$e=(1, 1, \ldots, 1)^T \in E^s$，

S^-是与投入相对应的松弛变量组成的向量，$S^-=(s_1^-, s_2^-, \ldots, s_m^-)^T$，$S^+$是与产出相对应的松弛变量组成的向量，$S^+=(s_1^+, s_2^+, \ldots, s_s^+)^T$。

DMU 的优化模型所描述的就是通过权重变量的调整来达到使被评价单元的效率评价指数为最大的优化目标。该优化问题的约束条件就是每一个决策单元的效率评价指数均小于或等于 1。评价依据如下：①当该模型的目标函数取最优值 $\theta^*=1$，并且 $s^-=0$，$s^+=0$，表明输入的效果相对最优，是 DEA 有效；②当目标函数 $\theta^*<1$，或 $s^-\neq0$，$s^+\neq0$，则表明输入的综合效果还未达到最优，是非 DEA 有效。对非 DEA 有效的情况可以进一步进行分析，探讨投入产出效率低的原因与程度。

当 DMU_0 为"非 DEA 有效"时，被评价的对象必定存在着投入冗余(ΔX_0)或产出不足(ΔY_0)，即在产出不变的情况下投入在原来的基础上可再减少 ΔX_0，或者在投入不变的情况下产出增加 ΔY_0。如果 S_0^-、S_0^+以及 θ_0 是规划模型的解，则由($\hat{X}_0$，$\hat{Y}_0$)构成的投入和产出相对于原来的 n 个 DMU 是有效的。其中

$$\hat{X}_0 = \theta_0 X_0 - S_0^-$$

$$\hat{Y}_0 = Y_0 + S_0^+$$

则投入冗余 ΔX_0 和产出不足量 ΔY_0 分别为

$$\Delta X_0 = X_0 - \hat{X}_0 = (1-\theta_0)X_0 + S_0^-$$

$$\Delta Y_0 = Y_0 - \hat{Y}_0 = S_0^+$$

学生的学习过程可以被看作是一个投入产出系统，无论是学生投入的因素还是产出的因素都是多方面的，而 DEA 方法具有处理多投入和多产出问题的能力，因而运用这种方法对学生的投入产出学习效率进行评价具有绝对的优势。利用数据包络分析模型进行的评价并不是单纯从学生的学习成绩来判定学习情况，而是对影响学生学习的各个环节综合加以考虑，对学习情况进行客观的评价分析，对利用模型计算得出的学习效率值进行对比分析，从而对非 DEA 有效的学生进行有效的诊断并提出可行的干预措施，进而提高学生的学习效率。这种评价学习相对效率的研究方法进一步开拓了学习投入与产出的研究前景。

但是 DEA 方法也存在着自身的局限性——相对有效性，所谓"相对有效性"就是在对多个决策单元进行评价时，对决策单元间的投入产出效率进行比较，最后选择出高效的作为 DEA 有效的决策单元，因此可能会存在所评价的决策单元本身效率并不高，但对于所评价的其他单元来说却是相对有效的情况。但总体来讲，DEA 模型对学生的学习投入与产出评价具有独特的贡献。

(二)发展性学习评价的模型应用

基于发展性学习评价的导向及其相应评价模型的建构，以某中学初二两个平行班级的 48 名学生(A 班 25 名，B 班 23 名)作为评价对象，运用群体效率比较、个体效率比较与学习低效诊断等评价模型对学生的学习进行发展性的评价，其中，学习产出以学生的学业成就为核心，包括学习成绩、学习能力、态度体验三大指标，具体评价方法如前所述。

1. 群体效率比较评价

通过计算两个班级 48 名学生前后两次测试的学业成就综合成绩(运用前述权重分配)，建立状态转移矩阵，分析学生前后测之间的变化趋势，以如下三式作为评价标准，展示马尔可夫链在班级群体效率评价中的应用。

$$S_{ij}=(i-j)^3 p_{ij}=\frac{(i-j)^3 n_{ij}}{n_i},\quad i,\ j=1,2,\cdots,\ m$$

$$S=(S_{ij})_{m\times m}=\left[\frac{(i-j)^3 n_{ij}}{n_i}\right]_{m\times m}$$

$$E(\mathrm{S})=\sum_{i,j}^{m}S_{ij}=\sum_{i,j=1}^{m}(i-j)^3 p_{ij}=\sum_{i,j=1}^{m}(i-j)^3\frac{n_{ij}}{n_i}$$

依据两个班级学生的学业成就综合成绩分布情况，将学生前后测水平划分为五个等级：80 分以上为一等，70～80 分为二等，60～70 分为三等，50～60 分为四等，50 分以下为五等，经统计，两个班级的原始状态向量为

$$M_{\mathrm{A}}=\left(\frac{1}{25},\frac{5}{25},\frac{8}{25},\frac{5}{25},\frac{6}{25}\right),$$

$$M_{\mathrm{B}}=\left(\frac{2}{23},\frac{9}{23},\frac{6}{23},\frac{5}{23},\frac{1}{23}\right)$$

比较每名学生前测、后测的学习水平，获得状态转移矩阵

$$P_{\mathrm{A}}=\begin{bmatrix}0 & 1 & 0 & 0 & 0\\ 0 & \frac{4}{5} & \frac{1}{5} & 0 & 0\\ 0 & \frac{3}{8} & \frac{3}{8} & \frac{1}{8} & \frac{1}{8}\\ 0 & 0 & \frac{1}{5} & \frac{2}{5} & \frac{2}{5}\\ 0 & \frac{1}{6} & 0 & \frac{2}{6} & \frac{3}{6}\end{bmatrix},\quad P_{\mathrm{B}}=\begin{bmatrix}0 & 1 & 0 & 0 & 0\\ 0 & \frac{4}{9} & \frac{4}{9} & \frac{1}{9} & 0\\ 0 & \frac{2}{6} & \frac{2}{6} & \frac{2}{6} & 0\\ 0 & 0 & \frac{1}{5} & \frac{1}{5} & \frac{3}{5}\\ 0 & 0 & 0 & 0 & 1\end{bmatrix}$$

依据状态转移矩阵和进步矩阵模型，可得两个班级的进步矩阵

$$s_A=\begin{bmatrix}0 & -1 & 0 & 0 & 0\\ 0 & 0 & -\frac{1}{5} & 0 & 0\\ 0 & \frac{3}{8} & 0 & -\frac{1}{8} & -1\\ 0 & 0 & \frac{1}{5} & 0 & -\frac{2}{5}\\ 0 & \frac{27}{6} & 0 & \frac{2}{6} & 0\end{bmatrix},\ s_B=\begin{bmatrix}0 & -1 & 0 & 0 & 0\\ 0 & 0 & -\frac{4}{9} & -\frac{8}{9} & 0\\ 0 & \frac{2}{6} & 0 & -\frac{2}{6} & 0\\ 0 & 0 & \frac{1}{5} & 0 & -\frac{3}{5}\\ 0 & 0 & 0 & 0 & 0\end{bmatrix}$$

依据进步矩阵可得两个班级的量化效率度分别为

$$E(S_A)=2.68,\quad E(S_B)=-2.73,$$

直观数据显示，A 班的学习效率明显高于 B 班的学习效率，且 A 班正向进步幅度较大，而 B 班则退步幅度较大。

2. 个体效率比较评价

依据前述学生学业成就的指标设计与权重分配，对 48 名学生进行增值性与相对性的学习效率评价。

由于学业成就下设的学习成绩、学习能力、态度体验这三项指标之间具有较强的交互性，要将学生用于三项指标的时间截然区分开来是不现实的，因而我们考虑将平均每天用于学业的总时间占全天 24 小时的比率 T 作为矫正效率评价模型的一项因素，据此，可以将以上(4.20)、(4.22)两式矫正为

$$E_1=\frac{\sum_{i=1}^{3}k_i a_i y_i}{T\sum_{i=1}^{3}k_i x_i} \tag{4.23}$$

$$E_2=\frac{\sum_{i=1}^{3}k_i[d_i(y_i-\overline{y_i})-(x_i-\overline{x_i})]}{T\sum_{i=1}^{3}\frac{k_i x_i}{X_i}} \tag{4.24}$$

结合任课教师的评定，我们暂设学生后测基础知识的增值系数为 $a_1=1.6$，学习能力的增值系数为 $a_2=1.2$，态度体验增值系数为 $a_3=1$；根据下式

$$d_i=\frac{X_i-\overline{y_i}}{X_i-\overline{x_i}}$$

计算可得 $d_1=1.05$，$d_2=1.07$，$d_3=1.17$，具体的效率评价结果见表 4-17。

表 4-17　48 名学生学业成就综合评价与效率评价结果

编号	综合评价		效率评价			
			增值性		相对性	
	综合产出	产出+过程	时间统一	时间差异	时间统一	时间差异
A1	68.80	71.06	1.58	3.15	22.22	44.43
A2	63.13	64.49	1.31	2.62	1.90	3.80
A3	47.92	48.68	1.12	1.79	−15.57	−24.91
A4	54.91	54.46	1.17	3.13	−9.20	−24.53
A5	71.49	73.28	1.21	2.43	−5.87	−11.74
A6	74.66	78.26	1.36	2.51	3.89	7.18
A7	71.53	71.95	1.20	2.41	−8.79	−17.58
A8	71.03	71.52	1.45	2.89	10.05	20.10
A9	75.51	77.42	1.48	2.54	14.70	25.20
A10	67.64	67.57	1.24	2.29	−6.48	−11.97
A11	70.45	74.08	1.24	1.98	−6.06	−9.70
A12	70.17	70.82	1.35	3.24	3.98	9.56
A13	65.78	65.39	1.41	3.09	9.05	19.75
A14	59.56	62.65	1.35	2.32	4.81	8.25
A15	68.53	69.63	1.47	2.36	14.74	23.58
A16	52.56	52.71	1.34	3.22	1.99	4.78
A17	51.43	53.14	1.42	3.10	9.93	21.66
A18	47.31	49.43	1.26	3.35	−1.30	−3.47
A19	50.64	52.75	1.35	2.03	5.80	8.71
A20	47.76	50.44	1.28	3.07	−0.29	−0.70
A21	41.05	44.38	0.99	1.49	−21.98	−32.97
A22	49.63	53.44	1.52	3.66	22.48	53.95
A23	79.74	80.16	1.45	2.32	10.92	17.47
A24	45.40	47.50	0.94	1.51	−26.96	−43.13
A25	75.93	77.02	2.35	4.70	84.36	168.72
B26	76.13	77.08	1.31	2.41	0.45	0.84
B27	66.59	66.73	1.29	2.06	−1.19	−1.91
B28	70.01	70.78	1.23	3.70	−6.88	−20.64
B29	72.43	73.19	1.36	3.25	4.71	11.32
B30	65.37	66.25	1.33	2.28	0.97	1.66
B31	60.67	61.37	1.13	2.26	−13.74	−27.48
B32	67.56	66.99	1.20	1.92	−8.59	−13.74
B33	54.70	55.09	0.96	1.54	−27.34	−43.74
B34	49.44	49.88	1.17	1.88	−11.44	−18.30
B35	44.23	45.97	1.12	2.25	−11.26	−22.52
B36	78.14	78.62	1.28	2.19	−2.70	−4.63
B37	76.80	75.31	1.26	2.32	−2.67	−4.93
B38	55.67	56.37	1.17	2.00	−8.14	−13.95

续表

编号	综合评价		效率评价			
	综合产出	产出+过程	增值性		相对性	
			时间统一	时间差异	时间统一	时间差异
B39	69.01	68.45	1.19	1.90	−8.92	−14.28
B40	58.37	60.31	1.26	2.53	−2.78	−5.56
B41	61.75	62.08	1.51	3.62	17.41	41.78
B42	52.59	53.14	1.33	2.90	6.54	14.27
B43	49.94	51.94	1.30	2.23	2.25	3.86
B44	70.96	71.38	1.45	3.48	12.01	28.83
B45	39.78	44.09	1.17	2.00	−6.83	−11.70
B46	67.42	66.82	1.15	2.30	−11.60	−23.20
B47	76.36	75.17	1.33	3.18	1.61	3.87
B48	74.99	76.98	1.46	2.91	11.66	23.31

上述学习效率的评价结果中，增值性评价与相对性评价分别显示了两种情况下的学生学习效率：一是假设学生用于学业的时间大体相同，则省略学习时间这一变量来评价学生的学习效率；二是当考虑学生用于学业的时间各不相同时，则将学习时间这一变量纳入到学习效率评价当中。结果数据越大，表明学生的学习效率越高。表 4-17 数据显示，编号为 A1、A22、A25、B41 的学生学习增值效率相对较高，同时绝大多数学生在学习过程中都获得了新的内容，在一定程度上取得了进步与发展，但也有个别学生的学习情况不佳，如编号为 A24、B33 的学生学习增值量甚至小于 1，其在原有的学习水平上不但未有增长，而且可能呈现遗忘或学习下降的趋势。相对性评价的结果解释是以 0 为基准的，正向数据越大，表明进步的幅度越大，负向数据越小，表明退步的幅度越大。从上表中可以看出，编号为 A1、A8、A9、A13、A15、A17、A22、A23、A25、B29、B41、B42、B44、B48 的学生进步的幅度较大，而编号 A3、A4、A5、A7、A10、A21、A24、B28、B31、B32、B33、B34、B35、B38、B39、B45、B46 的学生呈现退步的趋势，也就是说，A 班学生的进步人数要多于 B 班，而 A 班的退步人数则少于 B 班，其中编号 25 的学生无论是增值性评价还是相对性评价，其学习效率在该群体中皆是最高的，这表明该生在这一阶段的学习中取得了巨大的进步。增值效率相同的学生，其进步幅度不一定相同，如编号 2 与 26、编号 30、42 与 47，其学习的产出投入比相近，但与群体比较而言，其相对的学习效率却明显不同，可见增值效率与相对效率的评价机制各有所长。

采用相对性效率评价模型对两个班级的前后测水平进行比较评价，所得结果为

$$E_A = 3.30, \quad E_B = -3.26,$$

这一结果与马尔可夫链所得结果相一致，它不仅显示了班级群体效率的高低，而且有助于运用直观的符号明确呈现其具体的进步或退步状态。简言之，这一结

果验证了我们所建构的相对性效率评价与马尔可夫链模型之间的一致性。

3. 学习低效诊断评价

在对学生的学习进行综合评价与效率评价的同时，亦不能忽视对其学习过程的诊断性评价。诊断性评价是学生评价的一项重要功能，它是以学生的发展为目标指向的，而非一种甄选式的评价。数据包络分析有助于分析学生的学习效率与最优值间的差异，为引导学生有效学习提供重要的参考价值。据此，我们采用数据包络分析软件 Deap 2.1 对 48 名学生的学习投入与产出进行诊断性评价。

基于学生原有的学习基础以及我们对学生学习投入指标的确定，经分析，选取中学生学习投入的七项内容：A 为学习过程中的认知投入，B 为学习过程中的情感投入，C 为学习过程中的行为投入，D 为前测的成绩基础，E 为前测的能力水平，F 为前测的态度体验，G 为学习过程中平均每天的学习时间投入(按小时计)；选取一项学习产出指标 H，即学生学业成就的后测综合结果(包括学习成绩、学习能力与态度体验)，据此，将 48 名学生的八项指标数据列于表 4-18 中，除指标 G 外，其他指标皆转化为百分制的数据，用以对每名学生的学习情况进行分析。

表 4-18　48 名学生的统计数据

编号	H	A	B	C	D	E	F	G
A1	68.80	65.33	90.00	82.50	55.00	63.53	48.76	12
A2	63.13	62.67	73.33	77.50	62.67	64.27	71.24	12
A3	47.92	50.67	50.00	60.00	49.33	61.20	84.82	15
A4	54.91	48.00	56.67	65.00	58.33	64.27	71.96	9
A5	71.49	70.67	86.67	80.00	70.67	86.33	81.95	12
A6	74.66	89.33	88.33	92.50	70.00	77.73	81.33	13
A7	71.53	77.33	68.33	77.50	76.33	84.47	88.00	12
A8	71.03	74.67	71.67	70.00	67.67	64.07	77.13	12
A9	75.51	72.00	95.00	80.00	59.67	77.27	66.36	14
A10	67.64	66.67	66.67	77.50	71.33	82.80	49.73	13
A11	70.45	78.67	90.00	95.00	76.67	80.60	67.40	15
A12	70.17	69.33	76.67	70.00	73.00	67.40	67.40	10
A13	65.78	65.33	63.33	62.50	62.33	62.33	63.04	11
A14	59.56	76.00	68.33	67.50	58.00	59.00	60.64	14
A15	68.53	81.33	63.33	80.00	54.67	68.60	64.67	15
A16	52.56	54.67	51.67	52.50	39.67	65.00	57.91	10
A17	51.43	58.67	58.33	55.00	33.00	63.47	45.60	11
A18	47.31	56.00	55.00	60.00	33.33	62.93	58.00	9
A19	50.64	60.00	58.33	57.50	34.67	61.73	58.00	16
A20	47.76	62.67	55.00	52.50	31.00	62.40	72.45	10
A21	41.05	56.00	53.33	50.00	29.00	77.33	57.40	16
A22	49.63	66.67	63.33	62.50	25.33	54.27	60.42	10

续表

编号	H	A	B	C	D	E	F	G
A23	79.74	82.67	80.00	82.50	76.33	71.67	82.4	15
A24	45.4	57.33	50.00	55.00	61.33	63.20	75.18	15
A25	75.93	78.67	81.67	82.50	20.33	60.00	69.85	12
B26	76.13	74.67	85.00	82.50	77.67	76.80	93.18	13
B27	66.59	65.33	70.00	60.00	64.00	72.20	85.73	15
B28	70.01	72.00	75.00	67.50	78.00	77.87	77.15	8
B29	72.43	73.33	76.67	82.50	72.00	71.00	75.27	10
B30	65.37	70.67	68.33	60.00	73.67	59.40	70.18	14
B31	60.67	62.67	63.33	70.00	58.33	85.73	77.42	12
B32	67.56	64.00	66.67	65.00	77.33	75.73	75.45	15
B33	54.70	57.33	55.00	57.50	60.33	93.73	79.73	15
B34	49.44	48.00	55.00	47.50	62.33	54.00	44.82	15
B35	44.23	45.33	56.67	55.00	35.33	59.40	86.64	12
B36	78.14	89.33	71.67	72.50	81.33	86.07	79.40	14
B37	76.80	74.67	66.67	72.50	77.67	91.80	55.13	13
B38	55.67	60.00	56.67	60.00	53.00	67.40	85.64	14
B39	69.01	70.67	63.33	62.50	74.67	84.00	70.00	15
B40	58.37	66.67	65.00	70.00	51.33	68.47	81.82	12
B41	61.75	58.67	68.33	57.50	41.33	69.20	45.04	10
B42	52.59	45.33	63.33	62.50	29.33	69.67	64.73	11
B43	49.94	52.00	63.33	62.50	35.33	59.80	75.73	14
B44	70.96	74.67	71.67	65.00	50.00	78.87	78.05	10
B45	39.78	60.00	55.00	50.00	21.00	62.60	59.96	14
B46	67.42	65.33	65.00	62.50	61.00	93.20	96.95	12
B47	76.36	62.67	81.67	65.00	73.33	82.93	76.78	10
B48	74.99	81.33	85.00	80.00	73.67	64.47	76.78	12

用C^2R模型对 48 名学生进行评价，通过求解线性规划问题可得每名学生的学习效率值θ^*以及各松弛变量s_i^-、s_i^+，所得结果见表 4-19。

表 4-19 48 名学生的 DEA 分析结果

编号	θ^*	产出不足量	未充分利用的投入量						
			A	B	C	D	E	F	G
A1	1	0	0	0	0	0	0	0	0
A2	0.929	4.800	0	0.482	12.117	19.686	0	5.686	2.234
A3	0.895	5.628	0	0	9.714	0	0.766	41.898	6.444
A4	0.985	0.853	0	0	16.165	4.028	2.098	20.132	1.132
A5	0.872	10.481	0	0	6.903	0	0.278	2.090	0.736
A6	0.876	10.589	2.317	0	5.383	15.706	0	0	0
A7	0.959	3.024	3.926	0	6.812	0.798	0	26.724	0

续表

编号	θ^*	产出不足量	未充分利用的投入量						
			A	B	C	D	E	F	G
A8	0.999	0.101	2.765	0	0	13.043	0	8.786	0
A9	0.964	2.784	0	4.284	0	1.048	0	0	1.862
A10	0.979	1.453	0	0	10.878	8.408	3.152	0	1.392
A11	0.857	11.734	0	0	9.024	16.588	0	0	1.751
A12	1	0	0	0	0	0	0	0	0
A13	1	0	0	0	0	0	0	0	0
A14	0.897	6.807	8.929	0	0	19.311	0	0	3.235
A15	1	0	0	0	0	0	0	0	0
A16	0.976	1.309	0.286	0	0	0	7.534	11.114	1.431
A17	0.923	4.298	3.450	0	0	0	6.760	0	2.055
A18	0.850	8.346	0	0	3.295	0	8.872	11.081	0
A19	0.872	7.406	0.325	0	0	0	3.616	3.255	7.057
A20	0.888	6.021	6.671	0	0	0	8.218	18.014	2.002
A21	0.797	10.434	2.094	0.238	0	0	25.458	3.770	8.460
A22	0.821	10.786	4	0	0	0	0.210	2.549	0.693
A23	0.997	0.271	0	0	0.258	22.218	0	7.010	1.378
A24	0.809	10.692	0.698	0	0	7.055	0	30.848	5.079
A25	1	0	0	0	0	0	0	0	0
B26	0.946	4.373	0	0	5.654	21.499	0	15.394	1.201
B27	0.980	1.360	3.969	0	0	0	0	17.396	5.276
B28	1	0	0	0	0	0	0	0	0
B29	0.998	0.120	0	0	10.325	14.282	0	1.766	0
B30	1	0	0	0	0	0	0	0	0
B31	0.913	5.751	0	0	7.358	0	12.548	22.653	1.533
B32	0.976	1.675	0	0	1.788	9.676	0	14.514	4.248
B33	0.902	5.949	0	0	1.187	0	22.684	32.893	5.164
B34	0.961	2.017	0	0.638	0	21.114	0	0	7.009
B35	0.862	7.053	0	0	4.022	0	4.330	33.232	3.931
B36	1	0	0	0	0	0	0	0	0
B37	1	0	0	0	0	0	0	0	0
B38	0.907	5.696	0	0	0.681	0	0	37.462	3.873
B39	1	0	0	0	0	0	0	0	0
B40	0.865	9.125	0	0	3.510	0	0	24.917	0.989
B41	1	0	0	0	0	0	0	0	0
B42	1	0	0	0	0	0	0	0	0
B43	0.871	7.386	0	0	4.183	0	0.188	16.656	4.843

续表

编号	θ^*	产出不足量	未充分利用的投入量						
			A	B	C	D	E	F	G
B44	1	0	0	0	0	0	0	0	0
B45	0.814	9.082	9.081	3.633	0	0	18.167	11.748	6.588
B46	0.992	0.529	0	0	0	0	15.918	36.524	1.613
B47	1	0	0	0	0	0	0	0	0
B48	0.978	1.706	4.224	2.682	0	42.066	0	4.693	0

DEA 评价模型指出，当模型的目标函数取最优值 $\theta^*=1$，并且 $s^-=0,\ s^+=0$ 时，表明输入的效果相对最优，是 DEA 有效；当目标函数 $\theta^*<1$，或 $s^-\neq 0,\ s^+\neq 0$ 时，则表明输入的综合效果还未达到最优，是非 DEA 有效。依据这一原则，结合表 4-19 中的结果数据，可以对每名学生的学习情况进行分析。从表中可以看出，编号 A1、A12、A13、A15、A25、B28、B30、B36、B37、B39、B41、B42、B44、B47 这 14 名学生的学习效率是 DEA 有效的，而其余学生的学习则属于非 DEA 有效。以编号 A1、A5、A6 的学生为例，编号 A5、A6 学生的综合评价结果虽然高于编号 A1 的学生，但其学习效率相对于编号 A1 的学生来说却是 DEA 非有效的，若要达到 DEA 有效，二者应在现有产出分数基础上各增加 10.481、10.589。通过对二者的学习投入进行分析，可以诊断出其 DEA 非有效的原因所在：编号 A5 的学生在行为投入、学习时间投入以及原有的态度体验与能力基础上没有得到充分的利用，编号 A6 的学生在认知投入、行为投入以及原有的知识基础上没有获得充分的利用。此外，编号 A1 的学生要想获得更大的发展就需要在各个方面加大投入。总体而言，多数学生对原有学习基础与学习时间的支配率较低，潜在的学习能力并没有得到充分的发挥，因此建议学生努力从多个方面充分调动学习的主动性与积极性，有针对性地改进学习方法，充分挖掘自身潜力，结合自身情况的同时参考学习效率高的学生的学习方法，使现有投入得到有效的利用。据调查，绝大多数学生平均每天的学习时间均不低于 10 个小时，但 DEA 分析结果表明，很多学生虽然在学习中投入了大量的时间与精力，但利用率却不高，没有产生应有的学习效果。

（三）发展性学习评价的模型分析

1. 学习效率比较评价

学习效率评价是基于学生原有基础的一种评价理念，我们所建构的增值性评价与相对性评价模型皆是此理念的一种表达。

增值性评价与相对性评价最重要的区别就在于增值性评价采用产出投入比用于体现学生基于原有基础上真实的水平增长，即根据学生的自身状况来评价其进步幅度，突出了学生个体的纵向发展；相对性评价则主要采用相互比较的方式用于体现不同学生之间学习的效率差异，即根据学生与群体均值之间的差异来评价其进步幅度，突出了学生之间的横向比较。二者所采用的系数具有不同的含义，增值性评价的系数 a 主要是为评价学生水平增值程度而设置的，若采用系数 d 对测试内容的增值进行评判，就又引入了学生之间相互比较的成分。因为有时候会出现测试内容实际增值，但学生水平增长程度普遍较高的现象，此时若采用系数 d 来评判测试内容的增值程度，那么就会抹杀学生学习过程努力的幅度，因而应用产出投入比进行增值性评价时，对系数的确定采用专家赋值的方式较为合理；而相对性评价的系数主要是为评价不同学生之间相互效率高低而设置的，难度系数的评判恰恰是学习效率比较的关键。为了将二者加以区分，我们把增值性评价中的系数 a 称为增值系数，将相对性评价中的系数 d 称为难度系数。将增值性评价与相对性评价结合起来评价学生的学习效率不仅可以体现出学生真切的纵向学习增长，发挥评价的教育功能，而且也可以使学生通过相互之间的横向比较来了解自身的学习效率，从而为进一步发展指引方向。

在模型建构过程中，我们采用马尔可夫链对相对性效率评价模型进行了检验，结果表明两种评价模型对学习效率的相对性评价较为一致。马尔可夫链中的转移矩阵理念客观地表达了转移的各种情况，包括进步与退步，其中的权重 $(i-j)^3$ 体现了奖惩分明的原则，即若进步则权重为正，退步则权重为负，不进不退则为 0。权重指数“3”体现了奖惩的力度，即若学生由三等转为一等，进步幅度比较大，则权重为 $2^3=8$；若学生由一等转为三等，退步幅度比较大，则权重为 $(-2)^3=-8$。但在建立评价标准的过程中，研究者杨玉华曾指出，前后测的难度差异不容忽视。当测试简单时，由 i 等生向 j 等生 $(i>j)$ 转化的程度大，这并不能说明整体学习效率就高；反之，当测试较难时，由 i 等生向 j 等生转化 $(i>j)$ 的程度小，这也不足以说明整体学习效率就低。由于我们此处采用马尔可夫链的目的在于对群体的学习效率进行比较，以检验相对性效率评价模型建构的合理性，因而采用最基本的转移矩阵模型即可为我所用。

简言之，增值性是基于原有基础上的一种实际的增长，而相对性则是基于原有基础与所在群体水平的一种相对进步幅度变化，两种评价的目的不同，所得结果也不一。若要对学生自身的发展进行评价，那么适于采用产出投入比的增值性评价；若要对学生相互之间的学习效率进行比较，那么则适于采用相对性评价。

2. 学习低效诊断评价

DEA 模型可以从影响学习的各个环节综合考虑，客观地对学生的学习情况进行评价分析，找出非有效的原因。有研究者指出，如果投入因素是决策单元可以决定的，而产出是不能决定的时候，分析时就要考虑投入是否能够减少，而不管产出是否能够增加；如果产出因素是决策单元可以决定的，而投入因素是不能决定的时候，则分析时就要考虑产出是否能够增加，而不管投入是否能减少。

在学习这一投入产出系统中，学生具有很强的自主性，其学习投入对产出具有重要的影响，DEA 诊断表明，我们既不能无视产出的增加而一味地减少投入来达到 DEA 有效的目的，也不能一味地为增加产出而无视投入的多寡。在现今的社会形势与学习压力下，学生采用的大多是第二种方式，即为了增加学习产出一味地加大投入，其中包括大量低效的时间与精力投入，这种学习方式是由当前的评价方式为导向的，即以学生学习的最终结果为评价对象，而不考虑其过程与投入。若要合理地利用 DEA 模型对学生的学习进行改进以提高其学习效率，就需对学生的学习产出与投入进行综合分析。

DEA 分析发现，多数学生的学习投入与产出是非 DEA 有效的，其各方面学习投入的利用率较低，尤其是原有学习基础与学习时间的投入未能获得应有的成效，这与学生的学习方法密切相关。绝大多数学生在学习上投入的时间颇具分量，但利用率低却是一个普遍的现象，因而如何安排合理的学习时间是有效学习的重要指向。

DEA 评价模型存在着自身的局限性，即相对有效性。如上述我们以 48 名学生为例应用该模型所进行的学习评价，其中 DEA 有效的学生只是相对于这 48 名学生的学习投入产出而言是有效的，这种有效性是相对的，若增加更多的评价对象，他们的学习投入产出效率则未必有效。当然，DEA 有效并不意味着学生的学习已达到了最佳的状态而没有进步的空间，他们要在现有的基础上获得更大的发展就需要加大各个方面的学习投入。通过对学生不同时间段的学习投入产出进行诊断，有助于了解学生学习变化发展的情况，为其有针对性地调整学习投入、提高学习效率提供重要的依据。

小 结

新课改的理念对新型的学生学习评价提出了全面性、过程性、多元性与发展性等方面的要求，顺应此发展取向，我们建构的学习评价模型呈现出了一系列的新特点，如在评价内容上体现结果与过程的结合、在评价方式上体现绝对与相对的结合、在评价功能上体现比较与诊断的结合、在评价主体上体现他评与自评的结合。

1. 结果与过程相结合的评价内容

我们所建构的学生综合评价模型$Y=a\sum_{i=1}^{n}k_i(\sum_{j=1}^{m}f_{ij}s_{ij})+b\sum_{l=1}^{g}h_l z_l$中，不仅包含了学生学习结果产出的多项指标$\sum_{i=1}^{n}k_i(\sum_{j=1}^{m}f_{ij}s_{ij})$，体现了学习结果评价的全面性，而且纳入了学生学习过程投入的多项指标$\sum_{l=1}^{g}h_l z_l$，体现了对学习努力过程的评价，即将学习的结果产出与学习的过程表现结合起来进行评价。

2. 绝对与相对相结合的评价方式

学生的学习评价模型不仅包含绝对性的综合评价，而且包括相对性的效率评价；学生的效率评价模型不仅关注基于原有水平的增长效益，即增值性评价

$$E_1=\frac{\sum_{i=1}^{n}k_i a_i y_i}{\sum_{i=1}^{n}k_i x_i},$$

而且注重基于原有水平的相互比较，即相对性评价

$$E_2=\frac{\sum_{i=1}^{n}k_i[d_i(y_i-\overline{y_i})-(x_i-\overline{x_i})]}{\sum_{i=1}^{n}\frac{k_i x_i}{X_i}}。$$

将增值性评价与相对性评价结合起来评价学生的学习效率不仅可以体现出学生真切的纵向学习增长，发挥评价的教育功能，而且也可以使学生通过相互之间的横向比较来了解自身的学习效率，从而为进一步发展指引方向。

3. 比较与诊断相结合的评价功能

新课改指出，要改变评价过分强调甄别与选拔的功能，发挥评价促进学生发

展的功能，而我国对学生的学习评价却一直未能体现出考评的诊断与发展功能。我们所建构的学习评价模型不仅包含旨在比较的综合与效率评价，而且包括旨在探寻低效原因的诊断性评价。学生的学习过程与结果中包含着丰富的信息，充分挖掘这些信息对学生的发展至关重要，运筹学当中的数据包络分析模型在学习的诊断方面表现出巨大的功效。利用考评信息促进学生的发展是评价的一项重要功能，将评价的比较功能与诊断功能相结合，有助于学生了解自身学习低效的原因，为促进其今后的学习发展提供必要的反馈信息，也凸显出评价的重要价值。

4. 他评与自评相结合的评价主体

现代评价注重他人评价与自我评价的结合，强调评价主体的多元化，这种方式使得从多个方面、多个角度出发的评价更全面、更客观、更科学。学生的学习评价模型不仅包括教师对学生的评判，而且涉及学生自身的自主性评价，其中的模糊数学方法即是教师在评价学生的过程中针对那些具有模糊性的指标所采用的一种评价方法，而对学生的问卷调查则是学生自主评价的一种体现。

总之，随着我国新课改对评价要求的提高，数学模型已成为广泛而有效的评价手段。一般来说，评价模型简单易用，不仅可以突出量化研究，而且可以融合质化研究，其评价结果的信效度较高；不仅可用于总结性评价，而且可用于诊断性研究，在学生的学习评价过程中具有无可比拟的优势。

我们所建构的学习评价模型既包括综合结果的评价，也包括学习效率的评价；既包括单纯的产出结果综合评价，也包括学习过程与结果的综合评价；既包括增值性的学习效率评价，也包括相对性的综合效率评价；既包括甄别性的评价，也包括诊断性的评价。不同的评价模式所得的评价结果各不相同，如综合评价结果高的学生，其学习效率却并不一定高。

评价模式的选择可依据评价目的的不同而有所不同。若评价目的在于甄别与选拔，那么适于选用综合性的产出结果评价；若评价目的在于了解学生自身发展的纵向增长水平，那么适于选用增值性效率评价；若评价目的在于了解学生与班级群体进行横向比较的学习效率，那么适于选用相对性学习效率评价；若评价目的在于为学生后续有效的学习提供参考，则适于采用 DEA 模型对学生的学习进行诊断性评价。

参考文献

白益民. 1999. 学习时间与学习结果关系模型研究述评.外国教育研究，(6)：1-7

边玉芳. 2004. 学习自我效能感量表的编制.心理科学，27(5)：1218-1222

蔡永红，林崇德. 2003. 学生评价教师绩效的结构验证性因素分析.心理学报，35(3)：362-369

陈桂生. 2001. 漫话“满堂问”.教育发展研究，(7)：86-87

陈通，白建英. 2003. 西部地区高等教育投入产出相对有效性的评价研究.西北农林科技大学学报，3(2)：102-105

程利军. 1999. 评价学习成绩相对有效性的数学模型.滨州师专学报，15(4)：27-29

崔卫国. 2000. 学习投入与产出的经济学分析.北京理工大学学报，(4)：76-78

窦爱女. 2003. 教师教学效益的 DEA 评价.培训与研究——湖北教育学院学报，20(2)：66-67

段蕙芬，蒋子诚，梅卫国. 2000. 中学生英语阅读能力结构及其发展初探.心理科学，23(5)：547-551

冯梅. 2004. 模糊综合评价模型在教师评价中的应用.数学的实践与认识，34(11)：35-38

冯铁娟，汪琪. 2007.274 名初中生睡眠时间和疲劳程度的相关性分析.中国行为医学科学，16(5)：467-468

傅纪良. 2005. 中国与新西兰学生体质健康测试标准的比较分析.成都体育学院学报，31(4)：102-104

傅禄建. 2007. 教学是否有效要看教学的投入和产出比.上海教育科研，(2)：33-34

关文信. 2005. 有效教学内涵探析.沈阳师范大学学报，29(6)：11-13

郭华，刘晓敏，赵介平. 2006. 国内四省区普通中小学作业情况调查研究.教育学报，2(6)：29-39

郭三娟. 2000. 正确认识“减负”切实推进素质教育.教育理论与实践，20(8)：60-61

郭新立. 2003. 基于 DEA 的学科有效性评价.中国管理科学，11(6)：78-81

韩仁生，邹敏. 2008. 不同学习水平初中生考试归因特点的研究.教育学报，4(2)：93-96

韩震. 2004. 基于整体知识能力的中国大学评价研究.博士论文，大连理工大学

胡卫平. 1996. 中学生物理抽象思维能力的结构模型初探.学科教育，(12)：28-31

胡卫平，冯国雷. 1999. 高中生物理抽象思维能力发展研究.心理发展与教育，(2)：43-46

扈中平. 2002. 对我国中小学生学习负担的辩证分析.课程·教材·教法，(6)：13-15

黄群玲. 2004.《学生体质健康标准》与《国家体育锻炼标准》的比较研究.北京体育大学学报，27(9)：1257-1259

贾微. 2006. 网络课程教育综合效益评价研究.硕士学位论文，大连理工大学

焦宝聪，赵意焕，董黎明. 2007. 基于数据包络分析的教育信息化绩效评价模型.电化教育研究，(4)：38-41

孔企平. 2000. “学生投入”的概念内涵与结构.外国教育资料，(2)：72-76

李百花. 2007. 谈学生学习的心理疲劳现象.重庆工学院学报，21(6)：171-173

李长吉. 2004. 关于教学价值评价观念的调查分析.上海教育科研，(5)：27-29

李建宁. 1996. 齐次马尔可夫链分析法在教学效率评价中的应用.系统工程理论与实践，(3)：67-72

李金霞. 2007. 基于 DEA 方法的学生学习相对有效性评价.硕士论文，中国地质大学

李炬红，蒲志仲. 2007. 学习的经济学分析.科技信息，(23)：489-490

李世宏. 2005. 关于中小学“减负”的新思考.当代教育科学，(1)：20-21

李小平，郭江澜. 2005. 学习态度与学习行为的相关性研究.心理与行为研究，3(4)：265-267

梁艳君. 2004. 国外减轻中小学课业负担的基本途径.教育科学，20(2)：34-35

刘生杰. 2005. 对《学生体质健康标准(试行方案)》的实验研究.中国体育科技，41(6)：117-118

刘亚荣. 2001. 我国高等学校办学效率评价分析.教育与经济，(4)：31-36

罗晓芳. 2006. 基于模糊评价的学生综合素质挖掘方法.南昌大学学报，30(6)：613-615

米子川. 2002. 软件统计方法.北京：中国统计出版社

牛惠芳，缪柏其. 2003. 课堂教学评估中权重的制定方法探讨.数理统计与管理，22(5)：34-38

彭纯子，周世杰等. 2004. 高中生学科兴趣问卷的初步编制.中国心理卫生杂志，18(7)：464-467

钱存阳，李丹青. 2005. 多元统计分析在课堂教学质量评价元中的应用.数理统计与管理，24(6)：40-43

任胜洪，溪海燕. 2005. 关于追求升学率与减轻学生负担的调查与思考.当代教育科学，(19)：45-46
盛群力，吴文胜. 2002. 教学时间研究模式及其特点.课程·教材·教法，(10)：18-23
施如铁. 2002. 学业负担模型与“减负”对策.教育导刊，(Z1)：42-45
谭顶良，邹敏. 2010. 从学习评价机制的局限看“减负”的失效.江苏教育，(4)：30-32
汤林春. 2005. 试论学校效能评价的发展.教育发展研究，(22)：64-69
汤林春，梁玲玲. 2005. 学校效能评价的尝试.上海教育科研，(4)：24-26
王华容，谭顶良. 2008. 知识与能力：孰轻孰重——教育评价中的辩证法.天津市教科院学报，(1)：32-34
王善迈. 1996. 教育投入与产出研究.石家庄：河北教育出版社
王香柯，王金柱. 2002. 基于数据包络分析模型的学习效率评价研究.陕西教育学院学报，(1)：66-68
王彦芳. 2001. 减轻学生过重负担的理性思考与实践研究.课程·教材·教法，(8)：24-27
吴育华等. 2000. 普通中学相对有效性评估模型研究.系统工程理论与实践，(5)：89-93
项新建. 2005. 模糊多层次综合评价法在教学质量评价中的应用.数学的实践与认识，35(12)：1-6
辛涛. 2006. 新课程背景下的学业评价：测量理论的价值.北京师范大学学报，(1)：56-61
辛涛，黄宁. 2008. 高校复合型人才的评价框架与特点.清华大学教育研究，29(3)：49-53
徐业毅. 2003. 学习时间与效果的“反比”.黑龙江教育学院学报，22(2)：90-91
许宪春，刘起运. 2002. 中国投入产出理论与实践.中国统计出版社
杨万里，谭洁群. 2002. 转移矩阵分析法在教学效率评价中的应用.系统工程理论与实践，(6)：135-139
杨秀君. 2004. 学习成功感研究.博士学位论文，华东师范大学
杨秀治，刘宝存. 2002. 中小学生学习负担的国际比较.上海教育科研，(4)：58-61
杨玉华. 2006. 数学模型在教学效率评价中的应用.数学的实践与认识，36(4)：42-45
杨昭宁. 2007. 学习成本与学习收益初探——学生厌学行为的经济学视角.教育学报，3(1)：54-58
于承敏. 2007. SPSS 的因子分析在课堂教学质量评价中的应用.统计应用，(5)：37-38
俞国良，董妍.2005.学业情绪研究及其对学生发展的意义.教育研究，(10)：39-43
曾建权. 2004. 层次分析法在确定企业家评价指标权重中的作用.南京理工大学学报，28(1)：99-103
张爱兰. 2005. 中小学学生发展评价体系研究——北京市中小学学生发展评价方案简介.中小学管理，(8)：35-38
张春梅，梁治安，张露等. 2007. 用层次分析法对学生进行综合评价.数学的实践与认识，37(10)：1-7
张丰. 2005. 关于初中生学习体验与学习状态的调查.上海教育科研，(2)：46-47
张敏. 2006. 综合评价方法与高等教育资源利用效率.求索，(11)：115-117
张庆林，杨东. 2002. 高效率教学.北京：人民教育出版社
张玉凤. 2005. 模糊综合评判法在教育评价中的应用.广西工学院学报，16(1)：66-70
张月娟. 2002. 中学生学习能力倾向测验的初步编制.博士学位论文，中南大学
章谋斌. 2006. 论教育评价理论与实践的基本走向.湖北广播电视大学学报，23(6)：148-149
赵德成. 2007. 初中毕业生综合素质评价实践的问题与思考.中国教育学刊，(7)：49-52
钟启泉等. 2001. 为了中华民族的复兴 为了每位学生的发展——《基础教育课程改革纲要(试行)》解读.上海：华东师范大学出版社
周介湉. 2004. 中小学生视力低下率为何居高不下？.上海教育科研，(10)：74-75
周静，张庆林. 2003. 关于提高教学效率的几点思考.西南民族大学学报，24(10)：227-231
邹敏，谭顶良. 2012. 学生学习综合评价模型的理论建构.教育测量与评价，(5)：4-8
邹敏，谭顶良. 2013. 学生学习投入与产出评价的研究综述. 教育测量与评价，(3)：10-14
邹敏，谭顶良. 2014. 学生发展性学习评价模型的理论建构.教育测量与评价，(10)：4-8
邹敏，谭顶良. 2014. 中学生学习投入结构研究.教育导刊，(5)：32-35
邹敏，王济干. 2007. 模糊综合评判法结合 6σ管理在绩效评估中的应用.科技管理研究，(3)：57-60
《上海教育质量评价体系研究》课题组. 2007. 上海教育质量评价体系研究.教育发展研究，(2)：30-34
Abel，A. M.，& Raghu Tadepalli. 2002. Assessing academic department deficiency at a public university. Managerial and

Decision Economics，23：385-397

Ainley M. D. 1993. Styles of engagement with learning：multidimensional assessment of their relationship with strategy use and school achievement. Journal of Educational Psychology，85：395-405

Ainley Mary. 2006. Connecting with learning：motivation，affect and cognition in interest processes. Educational Psychology Review，18：391-405

Ainley Mary，Corrigan Matthew，Richardson，& Nicholas.2005. Students，tasks and emotions：identifying the contribution of emotions to students' reading of popular culture and popular science texts. Learning and Instruction，Special Issue：Feelings and Emotions in the Learning Process，15：433-447

Amy Brooks，Anne W. Todd，Sheri Tofflemoyer，& Robert H. Horner. 2003. Use of functional assessment and a self-management system to increase academic engagement and work completion. Journal of Positive Behavior Interventions，5：144-152

Andrea Starkweather Matheson，& Mark D. Shriver. 2005. Training teachers to give effective commands：effects on student compliance and academic behavior. School Psychology Review，34：202-219

Barbara D. DeBaryshe，Gerald R. Patterson，& Deborah M. Capaldi. 1993. A performance model for academic achievement in early adolescent boys. Developmental Psychology，29：795-804

Carl J. L.，John Umbreit，Jolenea B. Ferro，Annmarie Urso，& Gita Upreti.2006. Improving academic engagement through systematic，function-based intervention. Education and Treatment of Children，29：573-591

Carolyn M. Tucker，Rose A. Zayco，Keith C. Herman，Wendy M. Reinke，Mark Trujillo，Kirsten Carraway Cory，& Wallack，P. D. 2002. Teacher and child variables as predictors of academic engagement among low-income African children. Psychology in the School，39：477-487

Carrie Furrer，& Ellen Skinner.2003. Sense of relatedness as a factor in children's academic engagement and performance. Journal of Educational Psychology，95：148-162

Charles，R. G，Betty T. Horton，& Cheryl A. Utley.2002. Academic engagement：Current perspectives on research and practice. School Psychology Review，31：328-349

Christopher H. Skinner，Daniedlle N. Pappas，Kai A. Davis. 2005. Enhancing academic engagement：providing opportunities for responding and influencing students to choose to respond. Psychology in the Schools，42：389-400

David Schwartz，Andrea Hopmeyer Gorman，Jonathan Nakamoto，& Tara McKay. 2006. Popularity，social acceptance，and aggression in adolescent peer groups：links with academic performance and school attendance. Developmental Psychology，42：1116-1127

Downer，Jason T.，Rimm-Kaufman，Sara E. Pianta，& Robert C. 2007. How do classroom conditions and children's risk for school problems contribute to children's behavioral engagement in learning. School Psychology Review，36：413-432

Eddy H. de Bruyn.2005. Role strain，engagement and academic achievement in early adolescence. Educational Studies，31：15-27

Eissa M. Al-Ansari. 2005. The dynamic interplay of student motivation and cognition in the college of education students at Kuwait University. Social Behavior and Personality，33：341-350

Flowerday，Terri，Schraw，& Gregory. 2003. Effect of choice on cognitive and affective engagement. Journal of Educational Research，96：207

Furrer，Carrie，Skinner，& Ellen.2003. Sense of relatedness as a factor in children's academic engagement and performance. Journal of Educational Psychology，95：148-162

Gamora G，& Arsenio W. F.2002. Emotionality，Emotion Regulation，and School Performance in Middle School Children，Journal of School Psychology，40：395-413

Jaap Scheerens，Cees Glas，& Sally M. Thomas. 2003. Educational evaluation，assessment，and monitoring，a systematic approach. Awets&Zeitlinger Publishers

Jennifer Jun-Li Chen. 2005. Relation of academic support from parents，teachers，and peers to Hong Kong adolescents' academic achievement：the mediating role of academic engagement. Genetic，Social and General Psychology Monographs，131：77-127

Klem，Adena M.，& Connell，James P.2004. Relationships matter：linking teacher support to student engagement and achievement. Journal of School Health，74：262-273

Linnenbrink，Elizabeth A. Pintrich，& Paul R.2003. The role of self-efficacy beliefs in student engagement and learning in the classroom. Reading & Writing Quarterly，19：119

Marcia L. Rock.2005. Use of strategic self-monitoring to enhance academic engagement，productivity，and accuracy of students with and without exceptionalities. Journal of Positive Behavior Interventions，7：3-17

Margaret A. Gibson.2005. Promoting academic engagement among minority youth：implications from John Ogbu's Shaker Heights ethnography. International Journal of Qualitative Studies in Education，18：581-603

Mark K. Harniss，Jennifer Caros，& Russell Gersten.2007. Impact of the design of U.S. history textbooks on content acquisition and academic engagement of special education students：an experimental investigation. Journal of Learning Disabilities，40：100-110

Metallidou Panagiota，Vlachou，& Anastasia.2007. Motivational beliefs，cognitive engagement，and achievement in language and mathematics in elementary school children. International Journal of Psychology，42：2-15

Paas Fred，Renkl Alexander，Sweller，John.2003. Cognitive load theory and instructional design：recent developments. Educational Psychologist，38：1-4

Pekrun R.，Thomas Gortz，Wolfram Titz，et al.2002. Academic emotions in students' self-regulated learning and achievement：A program of qualitative and quantitative research. Education Psychologist，37：91-105

Pintrich，Paul R.2002. The role of metacognitive knowledge in learning，teaching and accessing. Theory Into Practice，41：220

Sara E. Dolezal，Lindsey Mohan Welsh，Michael Pressley，& Melissa M. Vincent.2003. How nine third-grade teachers motivate student academic engagement. The Elementary School Journal，103：239-264

Skinner，Christopher H.，Pappas，Danielle N.，& Davis，Kai A.2005. Enhancing academic engagement：providing opportunities for responding and influencing students to choose to respond. Psychology in the Schools，42：389-403

Tucker，Pamela D.2005. Stronge，James H. Linking teacher evaluation and student learning. Association for supervision & curriculum development

Wendy Johnson，Matt McGue，& William G. Iacono.2005. Genetic and environmental influences on academic achievement trajectories during adolescence. Developmental Psychology，42：514-532

附　录

附录 A　中学生学习能力项目

	完全不符	基本不符	有些符合	基本符合	完全符合
1. 我对学习内容有自己独到的感悟和认识	1	2	3	4	5
2. 我能够采用恰当的方式表达自己的观点或叙述事情	1	2	3	4	5
3. 阅读时，抓住关键句并把握文章的主题与脉络对我来说很容易	1	2	3	4	5
4. 在课内外讨论中，我能清楚、流畅地表达自己的观点	1	2	3	4	5
5. 我能够从繁杂的题目中识别出基本的已知条件和目标	1	2	3	4	5
6. 我能够在解题过程中敏锐地找到问题的症结所在	1	2	3	4	5
7. 我经常能够挖掘阅读材料更深层次的含义	1	2	3	4	5
8. 我对所学知识能举一反三	1	2	3	4	5
9. 我能够用书面语言有条理地表达自己的观点	1	2	3	4	5
10. 我能够有效地筛选、整理问题中的有用信息，排除无关信息	1	2	3	4	5
11. 在解决问题过程中，我能自如地运用各种知识	1	2	3	4	5
12. 我能够在没有他人的督促下自觉学习相关的内容	1	2	3	4	5
13. 我能够运用某一学科知识来解决相关学科的问题	1	2	3	4	5
14. 自学前，我能够设计高效的学习方法和策略	1	2	3	4	5
15. 写作时，我总能突出重点、中心明确	1	2	3	4	5
16. 阅读时，我能够很快理解阅读材料的含义	1	2	3	4	5
17. 我能比较容易地确定问题所属的类型	1	2	3	4	5
18. 我能找出最简单的解题方法，而不局限于单一的方法	1	2	3	4	5
19. 我能将生活中的具体问题用简单的学科语言或符号表示出来	1	2	3	4	5
20. 我能够有条理、扼要地回答老师的提问	1	2	3	4	5
21. 我能够依据具体的解题步骤将问题解答出来	1	2	3	4	5
22. 我能自觉地制订一套适合自己的学习计划	1	2	3	4	5
23. 我能主动地选择那些重要的或自己感兴趣的内容进行自学	1	2	3	4	5
24. 我的学习目的非常明确，为此我经常主动进行学习	1	2	3	4	5
25. 自学后我能够比较客观地评估自己的进步幅度	1	2	3	4	5
26. 我能够将自己的情感在作文或日记中表达得淋漓尽致	1	2	3	4	5

27. 课上没有解决的问题，我能在课后主动查阅相关资料以解答	1	2	3	4	5
28. 对于做过的题目，我能主动检查并找出错误加以纠正	1	2	3	4	5
29. 我能够监督自己严格执行学习计划	1	2	3	4	5
30. 解题时，我很容易发现题目给定条件所隐含的已有信息	1	2	3	4	5
31. 学习前，我总要给自己定一个适当的学习目标	1	2	3	4	5
32. 面对问题时，我很容易分析出已知条件与目标之间的关系	1	2	3	4	5
33. 我能够在较短的时间内理解阅读材料所要说明的问题	1	2	3	4	5
34. 我能够依据自己的学习进程适当地调整学习计划	1	2	3	4	5
35. 学习前，我总要对学习时间的分配作出合理的安排	1	2	3	4	5

附录 B　中学生学习态度体验项目

	完全不符	基本不符	有些符合	基本符合	完全符合
1. 这一阶段我在学习方面有很多比别人做得好的地方	1	2	3	4	5
2. 现在让我做有一定难度的题目时，我会感到很愉快	1	2	3	4	5
3. 这一阶段的学习使我的潜能得到了充分发挥	1	2	3	4	5
4. 一想到这一阶段学习了很多知识，我就感到很自豪	1	2	3	4	5
5. 这段时间的学习让我经常有挫败感	1	2	3	4	5
6. 这段时间遇到难题时我常感到心烦	1	2	3	4	5
7. 我一听到学习就很反感	1	2	3	4	5
8. 这一阶段让我觉得自己的学习更有希望了	1	2	3	4	5
9. 最近几次测验，我都取得了自己想要的分数	1	2	3	4	5
10. 我为自己这段时间的学习感到骄傲	1	2	3	4	5
11. 这段时间的学习结果总是给我惊喜	1	2	3	4	5
12. 通过这段时间的学习，我对学习的兴趣更浓了	1	2	3	4	5
13. 这段时间的学习总像我所希望的那样好	1	2	3	4	5
14. 我对自己这段时间的学习表现感到很失望	1	2	3	4	5
15. 这段时间的学习让我感到厌倦	1	2	3	4	5
16. 这一阶段的学习总是让我感到很无助	1	2	3	4	5

附录 C　中学生学习投入项目

	完全不符	基本不符	有些符合	基本符合	完全符合
1. 我总想深入了解更多的知识	1	2	3	4	5

2. 课堂上，我总是兴致勃勃地投入到学习当中	1	2	3	4	5
3. 我决心以更大的努力投入到学习当中	1	2	3	4	5
4. 当学习过程中遇到有趣的问题时，我能持续探究好长时间	1	2	3	4	5
5. 当我学习时，时间总是不知不觉就过去了	1	2	3	4	5
6. 如果让我学习一些新知识，我愿意尽最大的努力把它学好	1	2	3	4	5
7. 我愿意努力解决学习中遇到的一些难题，因为这更有价值	1	2	3	4	5
8. 即使课堂学习内容很枯燥，我也会尽力去完成	1	2	3	4	5
9. 我总是可以很好地安排学习时间	1	2	3	4	5
10. 我经常把难懂的知识用自己通俗的语言表达出来	1	2	3	4	5
11. 我感觉自己逐渐失去了学习的动力	1	2	3	4	5
12. 我经常对所学内容作一个简短的概要	1	2	3	4	5
13. 我经常将不同来源的信息与资料整合到一起	1	2	3	4	5
14. 学习时我经常会关注学习内容是怎样组织的	1	2	3	4	5
15. 我习惯于为自己设定一系列的目标来指导学习	1	2	3	4	5
16. 很多时候我虽然在阅读，却全然不知读的是什么	1	2	3	4	5
17. 学习时我总会时不时停下来回顾之前的内容	1	2	3	4	5
18. 我会根据自己对知识的理解程度来调整学习速度	1	2	3	4	5
19. 课堂所学知识很难时，我要么放弃，要么只学习简单的部分	1	2	3	4	5
20. 我经常在课堂上就可以消化当堂学习的内容	1	2	3	4	5
21. 课堂上我总是积极发言并主动参与讨论	1	2	3	4	5
22. 上课时我总是希望快点下课，感觉时间过得很慢	1	2	3	4	5
23. 我经常把教材内容分解为若干部分或若干要点	1	2	3	4	5
24. 听老师讲某些知识时，我往往会联想起相关的知识或事例	1	2	3	4	5
25. 上课时我头脑里常会想些别的事，以致没听到老师讲的内容	1	2	3	4	5
26. 我平时没制订什么学习计划，即使假期或迎考期间也是一样	1	2	3	4	5
27. 课后我总是集中注意力把作业做完，尽可能节省时间	1	2	3	4	5
28. 即使课后作业很枯燥，我也会尽力去完成	1	2	3	4	5
29. 老师上课讲的内容，即便我听不清楚也不想弄个明白	1	2	3	4	5
30. 当所学知识很抽象时，我总是通过联系实际或举例子来说明	1	2	3	4	5
31. 老师布置的作业我总是努力按时完成	1	2	3	4	5
32. 我常常把学到的各种知识进行比较，发现它们之间的异同	1	2	3	4	5
33. 我会根据自己的学习速度适当地调整学习计划	1	2	3	4	5
34. 课堂上，我总是尽自己最大的努力学习知识	1	2	3	4	5
35. 做功课时，我总是想东想西，静不下心来	1	2	3	4	5

另：

36. 平均每天用于学习的总时间为____小时(包括上课、课后作业、复习、课外阅读时间等)